本成果受到中国人民大学2018年度“中央高校建设世界一流大学（学科）和特色发展引导专项资金”支持

道德、法律和公司

——公司社会责任的成人礼

郭 锐◎著

MORALITY
LAW AND CORPORATION
CORPORATE SOCIAL RESPONSIBILITY'S
COMING OF AGE

中国法制出版社
CHINA LEGAL PUBLISHING HOUSE

献给我的父亲、母亲

序

在当代中国，谈论公司社会责任有什么实际意义？现实中，公司无视环境污染、生产不安全食品、恶劣对待员工、坑害消费者等现象，常常见诸媒体。公司连这些都做不到，我们谈论公司社会责任，是不是“曲高和寡”？听到这个题目，人们若不是把它看作又一个为商业公司布置的遮羞布，也会暗自寻思是不是又来了一套粉饰太平的胡言乱语。与其谈论社会责任，难道不是更应该关注立法、执法来解决这些问题？

立法、执法固然应当加强，可是单靠法律严惩，就真能解决问题吗？在媒体、社会动辄建议立法的今天，倒是我们这些法律人并没有对法律“迷信”。名义上，法律有国家强制力的外在保障，“徒法不足以自行”也是古圣先贤和今天的法学研究共同认可的智慧。把上述问题看成只需法律就能解决的问题，误解了法律之所能。当代人把公司社会责任仅仅看作道德讨论，与绝对区分法律与道德的现代观念有关。把公司社会责任仅仅放在道德议题中，也漏掉了上述问题产生的复杂背景，更错过了解决这些问题所需要的社会合力。法理学者已经在反思绝对区分法律与道德问题的法律实证主义的局限。离开道德问题来谈法律，与现代性背景下的法律实证主义兴起密不可分。自二十世纪初法律实证主义兴起之后，人们就不再把促进道德水准的提升当作法律的目的。希望将法律变成一门无须求诸人们价值认可的科学，是强调法律与道德二元区分的最早动因。等到人们看到纳粹统治下的德国出现的恶法，方有人对这种极端区分有所反思。“二战”之后，富勒等一批法学家复兴法律的道德理论，但他们也仅仅做到把针对法律的最低道德要求引入法学讨论而已，实证主义的地位仍然十分稳固。这个背景导致了人们对法律是否应当和公司社会责任挂起钩来的疑虑：如果说公司承担社会责任是道德责任的话，法律来推动公司承担社会责任是否僭越了其角色？与法律实证主义先驱们不同的是，今天法律学人认识到这种分离既无助于研究法律真正的渊源和效力，也无助于解决社会问题。法律如不能促进美德，就更不能指望得到遵守。而促进美德，不仅仅强调最低限度的标准，还需要建立真正的标杆。这些，都是我们在这本书中从道德与法律两个维度重新提出公司社会责任的基础。

在传统理论中，公司社会责任被当作检视公司在履行其法定义务之外所参与的公益事业以及公司运营的积极效果。以新古典自由主义学说视野中的公司社会责任为例，管理层所能自主决定的慈善或者其他对股东利益最大化无关的耗费公司资源的做法是受到批评的主要对象。如弗里德曼所言，公司的存在不是为了雇员利益、环境保护、减少歧视、帮助本地社区。

公司应不应该承担社会责任？持赞成观点的学者认为：现代社会的组织已由纯然经济性组织转化为兼负社会性使命，公司自应调整其角色，否则有可能危及公司存在的合法性；公司追求利益最大化，应追求长期的利益而非短期；公司有道德上的义务，帮助社会处理社会上的问题，这是因为这些社会上的问题，很多是公司造成的，因此公司应该责无旁贷；公司拥有资源较多，如果公司自动地善尽社会责任，亦足以避免政府以不必要的外在法规牵制公司的活动，造成公司活动受到不必要的控制。持反对观点者则坚持：公司需严格遵守股东谋求利益最大化原则；公司经营者为少数的经理人（及董事），由他们决定公共政策会产生偏差；公司社会责任难以掌握其内涵；责令公司需负担社会责任，有损自由企业体制所立论的基本原则。

近年来学者提出企业社会责任的“超越服从”（beyond-compliance）概念，认为企业社会责任是不受法律或市场约束的企业承诺，或者企业“自我约束”（self-regulation）概念，认为企业能够通过改进治理结构，完善激励机制等内部措施达到履行社会责任的目的，并主张 CSR（Corporate-Social-Responsibility，企业社会责任）应该以企业治理、财务绩效为研究对象。这些都体现学者对企业承担社会责任应“自愿”的强调。换言之，社会责任应该是道德义务，而不是法律义务。

本书提出，公司社会责任在中国和西方都呈现出一个基本特征——法律化。如果说过去把公司社会责任划归道德，让员工、消费者和社会难以产生对公司长期的信任，今天公司社会责任的法律化则意味着公司运作中社会与环境关怀已经成为社会对公司的常态要求。换言之，公司的社会责任不再只是人们对一味追逐盈利的经济组织的无奈要求，而已经是社会对经济组织的合理期待。在公司治理之中反映出的道德原则，以及法律对这些道德原则的肯定与促进，应当成为公司社会责任更为基本的形式。

落实到商业实践，我们希望看到公司社会责任不再是公司组织架构中一个无关紧要、不受尊重的小部门，而成为公司全部管理层都必须参与的核心商业决策的内容；而在社会治理的实践中，政策制定者和立法者都不应该再为老旧的经济、法律争辩和束缚，而是将公司社会责任的考量贯彻于各种法律和政策。

如前所述，在中国语境中公司社会责任的法律化同样明显。尽管公司社会责任的法律化在中国起步较晚，但它却以同样甚至更成熟的姿态出现在中国。如何在公司社会责任法律化的现实中思考商业和社会的未来，是中国和全世界共同面对的问题。为此，我们需要回顾迄今为止在经济学、道德哲学和法学理论中提出的相关理论，探讨公司社会责任据以产生和发展的思想基础；我们需要关注道德、法律和公司在现代社会中的新关系，在现代社会政治、经济和社会实践中思考公司社会责任的未来应如何规划。

如果没有建立在扎实基础上的对公司的道德期待，我们就难以推动相关的立法，也难以支持公司的道德实践。谨以此书的写作来加入在中国已经开始的、对公司道德实践的反思中来。通过回应学术史上的著名主张、梳理这些年来国内外的理论研究和实践发展，作者希望此书能对中国成为公司社会责任的大国和强国有所帮助。

本书是作者回国后在中国人民大学任教起始几年的教学和研究中完成写作的。感谢中国人民大学法学院给予的支持，特别是王利明、韩大元、林嘉、王轶、叶林、熊丙万、张翔、朱虎、王旭等诸位师友的鼓励和批评。哈佛大学法学院残障研究项目（Harvard Law School Project On Disabilities）的安守廉教授和崔凤鸣教授对作者的耐心帮助是本书完成所不可或缺的。本研究是中国人民大学科学研究基金（中央高校基本科研业务费专项资金资助）（科研编号14XNF006）项目成果，还得到中国人民大学法学院“宪法与部门法关系研究”青年教师学术创新团队计划的支持，特此致谢。

是为序。

郭　锐

2018年春

于中国人民大学明德法学楼

目录

CONTENTS

第三章 中国的公司社会责任

第四章 公司社会责任与人权：以残障人士劳动就业权为例

第一章

道德、法律和公司

在制度经济学的奠基之作《企业的性质》一文中，科斯提出企业存在的根本原因是现代经济生活中需要合作，而企业是使用市场成本过高的时候产生的替代方式。市场建立在平等谈判基础上，依赖人们之间的协议，主要靠价格机制调节。科斯看到，自亚当·斯密以来，人们认识到了市场带来的合作的益处，但是很少有人意识到使用市场也需要成本。当使用市场成本过高的时候，就产生了组织企业的必要性。企业并不依赖人们之间的平等谈判，而是采纳了“命令/服从”机制。后者克服了市场的种种弊端，例如，过高的信息成本（四处询价）、交易成本（反复磋商）和维护合同的成本（保证协议最终履行）。①

作为现代社会最重要的经济组织形式，公司存在的必要性和可能性首先取决于市场秩序。故此，要讨论公司的道德性，我们必须首先探讨市场秩序本身的道德性。我们要问：市场秩序是不是一种道德性的存在？作为市场秩序的替代，人们在作为组织体的公司中完成合作，到底更为道德还是不道德？在道德上和法律

① Coase，R.H.（1937），The Nature of the Firm，Economica 4（16）：386-405.

上，公司是否应该承担社会责任？法律在这当中的角色是什么？在这个部分，我会先回答上述问题，再重新提出公司道德性的追问。

第一节　对市场秩序的道德追问

亚当·斯密对探讨市场秩序的道德性作出了奠基性的贡献。在《国富论》中，斯密提出市场综合了两种非常矛盾的力量：建立在自私基础上的个体逐利行动和“无形之手”所带来的整体利他效果。参与市场的个体并不想着如何增进他人的福祉，而只是盘算自己的利益。但是，这些个体“受着一只看不见的手的指导，去尽力达到一个并非他本意想要达到的目的”，就是提供了人们所需要的产品和服务。[①] 这个结果无疑是好的。鉴于这种结果并非任何个体行动的目的所在，在斯密的视野中，市场秩序的存在可谓是上帝给人类的一种祝福（Providence，有译为“摄理”“护理”或“天佑”）。[②]

斯密的思想并非完全原创，18 世纪的作者曼德维尔的《蜜蜂的寓言》比斯密《国富论》更早提出了个体的自私和社会整体福

---

① [英] 亚当·斯密：《国富论》，郭大力、王亚南译，商务印书馆 2015 年版，第 425—444 页。

② Marshall Sahlins, The Sadness of Sweetness: The Native Anthropology of Western Cosmology, *Current Anthropology*, Jun 1996, pp. 395–428.

祉的关系。曼德维尔宣告，个体的自私并不必然损害社会整体福祉。在他的时代，这个宣告带来的社会反应极为剧烈，曼德维尔的思想被认为是异端邪说。直到在斯密之后，人们才逐渐接受这个认知范式。正如人类学家萨林斯所评价的，斯密给出了一种宏观秩序的道德性想象，这让人们思考道德问题有了新的视角。这种想象给了时刻感受到人类自私的个体某种安慰和目的感。换言之，经由这种对宏观秩序的想象，作为一种异化表现存在的局部的恶变成了实现人类福祉的必要途径。

萨林斯指出，斯密在“无形之手”中提出的个体自私和市场秩序之反差，并非孤例，而是存在于西方传统中对宏观秩序想象的形而上学传统之中。它的原型，是犹太—基督教传统中人类之罪对造物的损害和上帝对造物的护理之间的对比。然而，在西方传统中，上帝无时无刻不在对造物进行护理，也有足够的能力“托住万有”。亚当·斯密“无形之手”理论中的市场秩序是否也有如此坚实的基础？尽管在《道德情操论》中他模糊地谈及了这一点，但斯密仍把“无形之手”当作近乎自然的存在，而基本未考虑市场主体的道德实践对“无形之手”形成的基础性作用。

亚当·斯密的“无形之手”的范式并未对市场主体提出道德要求。市场机制的存在和运转，非但没有对市场主体（无论是个人还是公司）的道德预设，甚至可以说市场主体的不道德（体现在个体的追逐私利中）是市场机制存在和运转的前提。

第二节
作为市场秩序替代的公司的道德追问

如果不使用市场，那么就要组织公司，这是年轻的科斯解析公司这一经济组织存在的必要性的基础理论。作为市场秩序的替代，公司必须完成其低于市场交易成本的合作过程。如科斯所言，这一过程是通过“命令 / 服从”的机制完成的。有了“命令 / 服从”机制，可以解决一部分生产效率问题。生产无效率的服从一方或被规训，或被辞退，这是“命令 / 服从”的题中之义，可以保证服从一方的效率。然而，命令一方的效率问题如何解决？这种论述，有“世界为一只大乌龟背负，其身立于另一大乌龟背上”之虞。如果诉诸增加一个层级的“命令 / 服从”，又如何解决更高层级的命令一方的效率问题？

命令一方无须依靠外在监督而保证自身的效率，这是制度经济学给出的答案。如果股东、管理层、员工、供应商、消费者等利益相关各方都用“无须依靠外在监督而保证自身的效率”这一标准来衡量，让股东来作命令一方最为合理。这也是制度经济学认为公司的股东中心模式的合理性，即股东是初始出资的一方，获取企业的利润，同时承担亏损的风险。由股东监督管理层（进而监督员工），无须外在监督，利用的是股东逐利的本性。斯密开创的“无形之手”的论述在这里似乎又派上了用场：股东、管理层、员工、供应商、消费者等各方并不想着如何增进他人的福祉，但是这些个体受着“一只看不见的手”的指导达到了一个并非他本意想要达到的目的。个体的不道德又一次被整体的想象所救赎。

科斯提出的“命令 / 服从”机制被经济学家詹森和麦克林所阐发，具体化为代理成本问题。所谓代理成本，是在作出决定与决定所涉及的成本负担不在同一人身上时产生的成本，在公司语境下的主要体现是公司股东与管理层之间的监督问题。亚当·斯密也许应看作最早意识到公司语境下代理成本问题的思想家。在论及股份公司的实际运作时，斯密在《国富论》中指出，股份公司中股东出资、管理层做决定的结构包含重大的道德风险：“这种（股份）公司的董事管理的不是他们自己的钱而是别人的钱，因此，我们不能期望他们会像私人合伙企业中的合伙人那样尽心尽力。就像富人的管家，他们容易把注意力投向枝节问题而不是放在维护主人的名誉上；并且，他们很容易忘却这一点。因此，在股份公司的业务管理中，漫不经心和浪费总是无所不在。正是由于这个原因，从事外贸业务的合股公司很少能够与私人探险家竞争。没有专营权，他们很少能取得成功；而且，在有专营权的情况下，他们仍经常失败。没有专营权，他们一般无法管理好贸易业务，而在有专营权时，他们既管理不好贸易业务又会限制贸易。”

詹森和麦克林在提出代理成本问题时显然受到了斯密的启发。但他们强调代理成本绝非仅仅在斯密时代类似东印度公司这样与政治密切相关的股份公司中存在，而是在任何企业均存在代理成本。代理成本包括设计、监督和约束利益冲突的代理人所需要达成协议所必须付出的成本，加上执行该协议时成本超过利益所造成的剩余损失。

按照詹森和麦克林的理论，股东会、董事会等机构的权力配置，完全为了解决代理成本的问题。但是，即便在最好的公司治理结构中，代理成本也仅仅是降低了，而不是消失了。换言之，公司制度是建立在不对个体提出要求（把不道德的个体设定为事实性存在）的前提下。

无论是作为思考激励问题时追随的“无形之手”范式，还是众多学者探讨公司治理结构时预设存在的“代理成本”的特征，都显示出公司作为经济组织形式的内在不道德性。与“无形之手”类似，代理成本范式同样不对股东或者管理层提出道德要求（或者说，代理成本范式下提出的道德要求变成了一种职业道德，而不是一般道德要求）。

第三节
对作为市场参与者的公司的道德追问

马克斯·韦伯对市场秩序的研究进一步揭示了市场秩序的非道德性。和亚当·斯密不同，韦伯看到的是在市场秩序的扩张过程中展现的“理性化”的特征。在这个过程中，人们的行为越来越不受传统、权威和习俗的约束，而仅仅服从于纯粹形式合理的理性计算。最能代表这种理性计算的秩序就是市场秩序。理性化的过程，表现在市场秩序从一个原本从属于社会的位置上升到一个统治或者影响社会其他领域的地位。[①] 这种变迁，给社会带来了不少负面影响：随着市场秩序的扩张，作为市场主体的公司影响也越来越大，这些公司以逐利为第一目标，不考虑社会影响，引发了众多对道德沦丧的指控。讨论英国工业革命的经典之作《巨变》用了一个概念“脱嵌”（unembededness）来描述历史上市

① 韦伯的理性化理论，参见马克斯·韦伯：《经济与社会》，商务印书馆 1997 年版。

场秩序的扩张给英国带来的种种社会恶果。[①]波兰尼看到，随着土地、劳工和产品市场的成形，市场与支持它的各种社会组织和制度逐渐分离，这带来了土地兼并、失业等社会问题。作为参与市场秩序的个体，公司以逐利为目标，不再考虑交易对象的社会地位、宗教信仰、文化背景，这意味着公司不在意除了利润之外的任何社会生活的其他方面——公司的不道德性被展示得淋漓尽致。社会学家格兰诺维特进一步发展了这一传统，把批评拓展到针对整个市场秩序。格兰诺维特认为，在传统社会中人们在参与市场时受到种种市场之外的社会规范的约束。换言之，市场秩序本是镶嵌（embed）在社会环境之中的。在现代化进程中，这种市场和社会水乳交融的关系被打破，出现了越来越多不受社会规范约束、仅仅服从市场秩序的领域，导致诸多的社会问题。[②]

萨林斯评论道，市场秩序作用范围的扩张不啻“上帝愤怒的审判之手”（the wrathful hand of God）。上帝的审判无须通过好人，正如上帝的选民曾经被不认识上帝的波斯人、玛代人、罗马人审判一样。波斯、玛代、罗马的帝王并不是上帝眼中的义人，但他们事实上完成了上帝审判的使命。把市场秩序在现代社会的扩张

---

① Polanyi，K.（2001［1944］）*The Great Transformation : The Political and Economic Origins of Our Time*，with a foreword by Joseph Stiglitz and introduction by Fred Block，Boston，MA：Beacon Press，2001.

② Granovetter，Mark，Economic Action and Social Structure：The Problem of Embeddedness，*American Journal of Sociology*，Nov 1985，pp. 481-510.

看成“上帝愤怒的审判之手”，实际上把市场秩序当作完全没有道德性的秩序。按照这样的预设，我们所能做的，只是在一个没有道德性的秩序中，考虑何为两害相权取其轻的管制措施。

但是，现代社会是否因此就不应对公司有任何道德期待？换言之，在现代社会治理中，是否应该效法霍姆斯大法官“坏人理论”中对人性与法律的论断，把公司当作“坏人”，而法律的全部目的就是遏制这些“坏人”？①

① 关于“坏人理论”，见 Oliver Wendell Holmes，The Path of the Law，10 *HARV. L. REV.* 457（1897）。关于“坏人理论”近期的讨论，参见 Marco Jimenez，Finding the Good in Holmes's Bad Man，79 Fordham L. Rev. 2069（2011）. Available at：http://ir.lawnet.fordham.edu/flr/vol79/iss5/9，最后访问时间 2018 年 4 月 24 日。

第四节　是否应推动公司行善

美国经济学家弗里德曼1970年在《纽约时报杂志》发表了一篇著名文章，这篇文章的题目是《企业的社会责任就是赚取利润》，而这个题目也正是他的主要观点。这固然不是学者第一次讨论公司社会责任，但这一次由于公共媒体广泛传播，学者的观点给社会公众带来了深远的影响。作为经济学家，弗里德曼本人在美国公共生活中的活跃以及他得到芝加哥学派的广泛支持对此当然颇有贡献，但公司社会责任问题受到重视，更为重要的社会背景是美国人意识到公司作为一个经济组织对社会影响越来越大。在文中，弗里德曼强调谈公司社会责任必须首先明确成本问题：公司是个拟制的实体，当公司决定承担社会责任时，实际上是公司的股东负担了成本。无论是公众舆论还是法律政策，都不应当提倡公司承担社会责任。

弗里德曼的主张并不否认防止污染、解决就业、帮助社区和改善工人生活属于众人称道的善行，只是他并不认为公司有行善的义务。[①] 换言之，行善也许是个人专有的义务，因为这是自由

---

① 当然，如果所有股东都同意，公司行善或许并无不妥。但考虑到经理并非慈善专业，也许股东应该把等量的支出捐赠给慈善机构。国家如果认为有些善行是社会必须，也许应该直接增加税收，用与公司等量的公共支出来完成这些善行。

的个体牺牲原本可以用于提升自己消费的资源来表达其道德确信；如果是公司，因为资源并不来自本人，行善既不能体现其牺牲（责任伦理），也剥夺了那些本来可以用这些资源行善的个人的机会。

在弗里德曼的这些思考背后，是他对道德和法律责任的区分框架。弗里德曼认为公司承担社会责任：(1) 并非出于法律要求；(2) 往往由于公司管理层出于其道德责任感所决定；(3) 给公司带来财务上的成本。这种看法将公司社会责任看作某种不应该也无法以立法推动的道德责任，故此并不主张立法和管制推动企业承担社会责任。也就是说，公司社会责任是公司可为、可不为的道德责任，也是不得通过立法强制推行的。弗里德曼的认知与实证主义法理学假设是一致的。自 20 世纪初法律实证主义兴起之后，人们就不再把促进道德水准的提升（美德）当作法律的目的。法学家最早对法律与道德作出二元区分，是希望法律成为无须取决于人们价值认可的一门科学。“二战”之后自然法学理论复兴，也没有动摇实证主义的地位。在法律实证主义视野下，如果公司社会责任是法律之外的、公司自愿承担的道德责任，那么国家强制公司承担社会责任，就有侵犯股东财产权利之嫌。它对公司治理也有重大意义：由于公司法对公司代理人（广义上包括管理层乃至持有公司控制权的股东）设定了义务，如果公司并不负担社会责任，则公司代理人承担社会责任的行动可能带来法律对其违反义务的追究。落实到责任层面，就是法院可能在股东对管理层或持有公司控制权的股东提起违反忠实、勤勉义务的诉讼时支持股东的诉讼请求，判决管理层或持有公司控制权的股东败诉。

法律是不是不应该有价值预设？是不是即便我们认为某些承担社会责任的行为有道德价值，仍然不能够对公司有这样的要求？也许在古典自由主义理论中伯林对积极自由和消极自由的区分可以支持这一论断。伯林认为，人在意志上不应受他人的强制，在行为上也不应受他人的干涉。这就是所谓的消极自由，即在“被动”意义上的自由，体现在法律上，就是保障个人的“免于强制和干涉”的权利。与此相对，积极自由是“去做……的自由”，关涉作为主体的人基于自身的主动意志的选择，这一点法律不应介入。[①] 法律支持道德价值的行动，似乎已经不再仅仅是保障免于强制和干涉的权利，而介入了积极自由的范围。

经济学家哈耶克的市场管制理论也同样会批评要求企业承担社会责任的法律或者政策。在哈耶克视野中的政府，应该是类似于守夜人的政府，在行使权力时应万分谨慎。遇到公共问题，或者市场力量中的企业在追逐自身利益过程中来解决，或者让政府使用公共税收的资源来解决。要求企业用自身资源解决公共问题，无异于踏上“通往奴役之路”。

那么，我们不应该再期待公司行善了吗？

① Jens Beckert，The Social Order of Markets，*Theory and Society*，May 2009，pp. 245-269.

第五节 “无形之手”的道德与法律前提

亚当·斯密在“无形之手”理论中讨论的市场秩序，似乎是自动形成的。而在波兰尼看来，市场秩序的自动形成是个假象。现代的市场秩序，其生成过程是“脱嵌”。没有一系列法律把市场秩序从其镶嵌（embed）的社会环境中脱离出来，现代市场绝无可能。而“脱嵌”的市场，同样需要法律谨慎维护——离开这些维护，现代市场秩序就会立刻崩溃。这个观察，得到了当代经济社会学研究的支持。贝克特讨论了市场秩序得以存在所依赖的几个基础问题的解决。贝克特看到，只有解决了三类基础问题，现代市场才有可能存在，即价值问题、竞争问题和合作问题。①

在一个参与者有各种各样不同的背景和利益诉求的背景下，市场主体建立对其他主体稳定预期必须解决一些前提性的问题。价值问题关涉市场主体对他们各自的目标如何设定。如果市场主体对评价产品或者服务没有共同的取向，那么产品 / 服务市场就无法建立。当然，并非所有学者都能看到这个问题。例如，新古

① Jens Beckert, The Social Order of Markets, *Theory and Society*, May 2009, pp. 245-269.

典自由主义经济学把存在市场主体之间评价产品或者服务的共同取向作为一个前提，缺乏对价值问题的讨论会引致理论本身的局限。如帕森斯所指出的，经济学理论或者把个体看作完全被决定的，或者无法接受任何这类讨论。

竞争问题关涉市场主体之间通过种种方式改变其所在的宏观结构。通过减价来互相竞争仅仅是其中的一种形式，无论是市场主体通过建立品牌、多元化其产品结构还是稳定供应链，甚或建立垄断、利用反垄断管制行业，都起到了减少竞争的实际效果。更不用说在劳动力市场上市场主体改变雇主、劳动者和国家承担责任的相对关系。故此，竞争问题固然有关经济，但与政治、法律也无法分开。

合作问题关涉供给与需求方的关系。市场主体对交易对方的意愿及其提供产品的质量无法确信，无论是付款还是交付，都有一方承担风险。只有买方对上述风险有足够的信心，交易才可能完成。这种信心是稳定市场交易关系的前提，换言之，一旦信心消失，市场关系便立即瓦解。这也是为什么一旦发生挤兑，银行就会迅速崩溃的原因。①

“无形之手”并非自私自利的个人可以自动实现的良好秩序。市场秩序要存在，必须依赖特定的制度、网络和心理结构等。这些都属于社会宏观建构，它们的建立、稳定和改变，都与其背后

① Jens Beckert, The Social Order of Markets, *Theory and Society*, May 2009, pp. 245-269.

的社会道德不可分割。如果作为一个治理问题来探讨，维护市场秩序绝非放任个人自私就能自动完成，法律对于解决作为现代市场根基的价值问题、竞争问题和合作问题不可或缺。

第六节 道德、法律与公司

公司是不是只应关注利润而不管道德？德鲁克在思考二十世纪大公司与社会关系的时候，明确提出了反对意见。德鲁克认为，如果公司的根本目标与社会发展不一致甚至公司的发展会破坏社会道德，那么作为一种制度存在的大公司一定不能长久。德鲁克的思考延续了一个悠久的传统。人们对公司的道德期待，来源于“公司公民”（corporate citizenship）的基本观念。它强调公司作为一种商业组织与社会各界之间的一种可选择的、利他的和非商业性的关系，包括为社区提供经济和非经济的支持、服从更高的环境标准、促进当地发展等。公司是否有可能成为一个有道德的“公司公民”承担其社会责任？

当然，前述弗里德曼的主张已经将这个问题大大复杂化了。但是，当代很多学者也通过实证研究来评估是否承担社会责任的公司绩效比没有承担社会责任的公司差。在回答这个问题时互相对立的两种观点分别称为公司社会责任的代理成本理论和价值提升理论。弗里德曼的主张当然是代理成本理论，近年来的研究则更多地支持价值提升理论，也就是说公司行善和盈利并行不悖。2013 年，哈佛大学的 Allen Ferral 教授在中国人民大学的公司治理和公司社会责任国际会议上发表了一项重要的研究成果，表明在一个长周期内公司承担社会责任和更高的绩效有明显的正相关。这一研究成果当然构成了对公司可能成为一个有道德的“公司公民”的强力支持。

第七节 公司的道德使命

当代社会谈论社会责任的一大障碍是，不少人认为公司应该去赚钱，对公司的道德要求因此被社会忽视。这种看法最早被美国经济学家弗里德曼理论化。弗里德曼主张，公司不应当承担防止污染、解决就业、帮助社区和改善工人生活等社会责任，否则就是侵犯了股东利益，损害了股东权利。弗里德曼的主张在提出的时候就遇到了挑战，在后来几十年里更是常常遭遇公众的反对。无论是在学界还是在商业世界，明确认同他观点的少之又少。但是他主张背后的分析路径，也就是在公司治理领域在学界乃至立法中被广为接受的代理成本理论，却是人们很少质疑的。代理成本理论认为，公司制度要解决的最大问题就是约束作为股东代理人的公司管理层可能的不良行为。从代理成本理论的视角出发，最好不要让公司管理层有太多的权限，哪怕是行善，因为这些都潜藏了损害股东利益的机会。故此，管理层的道德困境在于，如果决定公司去承担社会责任，有“慷他人之慨”之嫌；如果公司不去承担社会责任，则坐实了公众对公司“唯利是图”的批评。孰是孰非？

对"慷他人之慨"还是"唯利是图"的两难指责，在商业理论中有所谓"战略性慈善"的理论来回应。① 但是，正如有学者批评的那样，一旦慈善被设定商业性目标，就再也不是慈善。换言之，这种慈善仅仅是弗里德曼眼中公司为了盈利而公开讲的一些公关言辞而已。② 本书作者提出的主张是，回应"慷他人之慨"还是"唯利是图"的两难指责，还是要考察股东利益与社会利益的关系。社会责任真正的基础是建立在股东利益和社会利益的根本一致上。无论是股东还是作为公司管理层的职业经理人，只问利润而不顾公司社会责任，不仅违背了他们负担的道德义务，也损害了公司的根本利益。如果企业的股东和经理人仅仅致力于对利润的追求，那么对产品精益求精、关心顾客等诉求就更可能让位于短期利益，也会让人们失去商业为社会创造价值的信心。③

在西方，人们在伦理道德的讨论中更为明确了公司社会责任的必要性。2010 年 11 月 1 日，国际标准化组织（ISO）正式颁

① 对问题从另外一个角度的表述，是公司管理层今天受到"公司社会责任"和"公司短期利润"两方面的压力，往往陷入困境。（"Executives increasingly see themselves in a no-win situation, caught between critics demanding ever higher levels of 'corporate social responsibility' and investors applying relentless pressure to maximize short-term profits."）相关讨论，见 Michael E. Porter、Mark R. Kramer, The Competitive Advantage of Corporate Philanthropy, https://hbr.org/2002/12/the-competitive-advantage-of-corporate-philanthropy, 最后访问时间 2018 年 4 月 24 日。

② 同前注。（"The way most corporate philanthropy is practiced today, Friedman is right."）

③ 参见本书第一章关于"消费者价值论"的讨论。

布 ISO26000《社会责任指南》国际标准。2016 年，教宗方济各在对意大利工商业代表的演讲中提到，工商业者所从事的是“一份高贵的职业，目的是为世人改善我们的世界和创造更多的财富”，故此投资人、企业家和经理都应是“公益的建设者和创造一种新的、以人为本的工作观的匠人”。①

在中国，公司社会责任虽未走过和西方一样的路径，却也可谓殊途同归。不少社会问题，无论是建筑企业留下“豆腐渣工程”，还是幼儿园虐待幼儿，它们背后都有企业追求利润而不顾公司社会责任的因素。②越来越多的有识之士认识到公司社会责任的重要性。尽管没有强制要求，但仍有三分之一以上的中国上市公司每年发布公司社会责任报告，媒体也越来越习惯于期待公司承担社会责任。

公司如果选择行善（doing good），是否必定不能盈利（doing well），对面临决定的公司管理层来说当然有意义，对法律和政策的制定者也非常重要。法律是否真的与道德分割？法律社会学的研究早已看到，法律的实效与“社会资本”密不可分，后者按照经合组织的定义是“网络以及共享的规范、价值观念和理解，它

① Address of His Holiness Pope Francis to the General Confederation of Italian Industry（Confindustria）, Paul VI Audience Hall Saturday，27 February 2016.

② 关于红黄蓝幼儿园负面新闻的报道，见《红黄蓝幼儿园被指虐童 公司 9 月份登陆纽交所》，新华网报道，http://www.xinhuanet.com/fortune/2017-11/23/c_129747976.htm；《红黄蓝幼儿园拟赴美上市 曾被曝疑似不止一次虐童》，网易新闻报道，http://news.163.com/17/0907/03/CTMUP28E000187VI.html。

们有助于促进群体内部或群体之间的合作”。这些“共享的规范、价值观念和理解”，如果不是全部，至少大半属于道德范畴。

在古典经济理论中，公司在市场上参与竞争、追求盈利，本质上是以“私人的恶”（private vices）来实现公共利益。古典经济理论中的这种设定是否应被当代的立法者接受？若是，则推动公司履行社会责任，就不是公众和立法者对公司的合理期待。若否，公司的商业和社会使命如何互相协调？

我们看看公司社会责任实践的前沿。弗里德曼所列举的几种企业“不应承担”的社会责任，到底有什么样的变化：弗里德曼说企业不应当提供就业，但在劳动立法中已经出现了就业保障的立法，具体的如无固定劳动期限合同；在消除歧视方面，在劳动立法中的反性别歧视、种族歧视等；在防止环境污染方面，环境立法已经大踏步地前进了；在帮助社区，也出现了有关的社会福利立法，如企业应当按比例雇佣残障员工；提升工人生活水平方面，也体现在劳动立法方面，如强制性的“五险一金”。

除了以上社会立法所带来的公司社会责任的变化，国际法上在公司社会责任领域引入人权观念，也带来了公司社会责任的新发展。特别是联合国在 2011 年通过的《商业和人权指导原则》，强调公司应当在商业实践中遵守人权原则。我们看到在社会立法和人权观念引入之后，传统的社会责任领域已经发生了根本性变化。公司的道德 / 法律责任区分转换为人权和法律责任，整体的趋势是公司社会责任的法律化。这当然给了立法和监管更多的期待。

要想真正突破在思考公司社会责任时的股东中心主义的基本设定，首先解决的问题是重新思考公司股东的根本利益究竟是什么。[①]代理成本理论的假设是，公司股东的根本利益是不被公司管理层“慷他人之慨”。我们看看当代资本市场的实践所展示的公司股东的根本利益是什么？在资本市场，近年来还出现了一种称为社会责任投资基金的机构投资者，他们明确地把公司社会责任作为选择投资标的的考虑因素。社会责任投资基金的实践表明，股东对根本利益的思考不限于关注公司管理层的“慷他人之慨”，而是期待管理层承担社会责任（与此相关的还有近些年资本市场出现的推动环保和劳动保护的股东积极主义）。有的证交所还设立了社会证交市场，用“投资”的方式代替“捐赠”，如在英国、巴西和南非。所谓社会证交市场（Social Stock Exchanges），又称“社会影响交易市场”（impact exchanges），是指社会企业通过受到法

① 也许这里有必要简要地分析一下法学领域已有的一个代理成本视角的替代品，就是利益相关人理论。利益相关人理论认为，应该把公司看作员工、社区、股东、消费者、债权人以及其他与公司业务相关的人共同拥有的。如果这样，公司承担社会责任就是公司的应有之义。但是，利益相关人理论的不足之处，是无法提供一个类似代理成本理论一样能够有效从微观上对公司的激励机制的解释。当公司在做重大决策时，是为政府解决就业，还是为股东获得利润，还是向消费者让利，尤其是在上述利益发生冲突时，该理论没有给出相应的解决方案，很可能陷入无所适从的境地。证券市场的监管者难以从利益相关者理论得到管制方向的指引。关于利益相关人理论，见 Blair，M. M. and Stout，L.A.：1999，A Team Production Theory of Corporate Law，*Virginia Law Review*，85：2，247-329。

律管制（regulated）的金融交易平台获取资金的一种新兴方式。①

在互联网科技兴起之后企业家行为和商业实践的新发展也让我们看到了社会责任新的未来。保罗·格雷汉姆说，当代互联网科技企业在创业阶段遵循两个原则，其一是“提供人们所需要的”。这表现在许多当代成功的互联网企业案例中，它们无一例外都找到了一个真正的“痛点”：社会对某项产品或者服务的需求。其二是“不必过分担心盈利”。亚马逊是其中最著名的例子。在长达二三十年的时间里，亚马逊一直不盈利，甚至到今天，它的市值已经接近5000亿美元，仍然还没有盈利。当“提供人们所需要的”和“不必过分担心盈利”相结合的时候，像极了传统上对公益组织的基本描述。的确，我们看看一些当代著名的互联网企业的使命描述，都几乎像是公益组织。比如，阿里巴巴的目标是“让天下没有难做的生意”。脸书的目标是“让世界更紧密地连接在一起”。谷歌的目标是“集成全世界的信息，让任何人都可以获得和使用”。在这些企业发展的过程中，企业家思考的最重要的问题不是如何盈利，而是它提供的产品到底是不是帮助社会解决了问题。在这些企业里，股东的根本利益，反映在企业家的追求里，就是帮助社会解决真实的问题。

① Runmi Morales & Edouard van Tichelen.Sustainable Stock Exchanges：Real Obstacles，Real Oppotuinities.Discussion. Paper 31 Paper Prepared for the Sustainable Stock Exchanges 2010 Global Dialogue，http://www.sustainalytics.com/sites/default/files/responsible_research___sustainable_stock_exchanges_2010.pdf.

这是公司社会责任的新发展，也恰恰是当代最好的、最有前景的企业经历过和正在实践的。在这个意义上，公司承担社会责任是与股东的真正利益相一致，而不是与之相悖。

第二章

公司社会责任的法律化

公司社会责任概念的雏形出现在工业革命之后，但到了 20 世纪 50 年代之后才在商业和管理研究中成为热点。[①] 相关的概念包括“公司公民身份”（corporate citizenship）、商业伦理（business ethics）、商业活动的可持续性（Sustainable Business）、公司的社会表现（Corporate Social Performance），等等。目前，大部分文献都认可公司社会责任的两个核心特征：（1）公司社会责任本质上是自愿的；（2）公司社会责任需要盈利和社会 / 道德关切。[②] 诚然，关于公司社会责任最为广泛接受的看法是它本质上属于道德责任，或者至少大部分属于道德责任。换言之，违反这种责任的要求，带来的不利后果并非如法律责任所导致的不利那样直接和确定，实质上还是凭借个人良心和社会舆论保证实现。本书作者主张，公司社会责任实质上应是法律责任。作者的主张建立在学界

① Archie，B. C.（2009）“A History of Corporate Social Responsibility：Concepts and Practices”，in A. Crane et al.（eds），*The Oxford Handbook of Corporate Social Responsibility*. Oxford：Oxford University Press，pp. 19-46.

② Dirk Matten and Jeremy Moon，“Implicit” and “explicit” CSR：A Conceptual Framework for a Comparative Understanding of Corporate Social Responsibility，*The Academy of Management Review*，Apr 2008，pp. 404-424.

对近年来在公司治理、法理学及法律社会学的理论成果上。考察公司实际上承担的社会责任并追溯其法律及道德基础，我们会发现公司社会责任已经蕴含在诸多立法和管制措施之中。从公司社会责任在中国的历史和现状来看，中国的转型经济背景和市场化改革实践均推动了公司社会责任的法律化。

回溯公司社会责任的思想史，从源于亚当·斯密的代理成本视角，以弗里德曼为代表的经济学家们提出了对公司社会责任的反对观点；支持公司社会责任的观点，最著名的是在国际商业伦理和人权领域的共同支持下，学者提出了人权视角下的公司社会责任，代表人物是哈佛大学的约翰·拉格（John Ruggie）教授。在后者的影响下，还出现了联合国、经合组织（OECD）的一系列人权与公司、商业伦理准则运动。

基于在实证层面公司社会责任的法律化的观察，本书指出在当代公司社会责任法律化的趋势。在规范层面，作者主张公司社会责任应是法律责任。公司社会责任法律化既可以从商业实践中看到，也被资本市场的选择所加强，加之人权观念的日益增长，公司社会责任的法律化前景日趋明朗。本书明确，公司社会责任固然是经济学和法学讨论的内容，但考虑到其真正的基础是商业实践和社会认同，学者的研究最多不过是为公共讨论提供思路而已。在一个民主和市场化的社会，商界的主流认识和媒体讨论中所展现出来的公众意愿才是影响对公司的道德预期和立法管制的决定性力量。

基于当代公司治理和社会责任的实践和公众对公司的期待，法律化成为公司社会责任的成人礼。换言之，公司的社会责任不再只是人们对公司在盈利目标和社会利益之间的平衡，而是反映在应进入我们对作为经济组织的公司的基本期待。法律应采纳通过赋予公司能力，以让它承担责任和义务的方式，保证公司行为符合透明的、合乎道德规范的特征，并让它对它的决策或者活动在社会和环境中产生的影响负责。

第一节　关于公司社会责任的思想史回溯

回顾历史，我们看到公司在兴起之初就是一个让人喜忧参半的经济组织形式。一方面，公司这种新的组织形式让人们看到了其蕴含的巨大的潜力，近代思想家薛福成用“移山可也，填海可也，驱驾风电、制御水火，亦可也”来形容它的威力。另一方面，人们在公司尚未成为一种广为采纳的组织形式时，就预见到它将会为人类带来一系列的道德问题。亚当·斯密论断说公司这种组织形式一定不会长久，因为“在股份公司的业务管理中，漫不经心和浪费总是无所不在”。[①] 尽管公司的发展尚处于早期，采纳公司制的企业是和王权结合很紧密的一种组织形态，但是这位发明

① “但是，这种（股份）公司的董事管理的不是他们自己的钱而是别人的钱，因此，我们不能期望他们会像私人合伙企业中的合伙人那样尽心尽力。就像富人的管家，他们容易把注意力投向枝节问题而不是放在维护主人的名誉上；并且，他们很容易忘却这一点。因此，在股份公司的业务管理中，漫不经心和浪费总是无所不在。正是由于这个原因，从事外贸业务的合股公司很少能够与私人探险家竞争。没有专营权，他们很少能取得成功；而且，在有专营权的情况下，他们仍经常失败。没有专营权，他们一般无法管理好贸易业务，而在有专营权时，他们既管理不好贸易业务又会限制贸易。”——［英］亚当·斯密：《国富论》，郭大力、王亚南译，商务印书馆 2015 年版。

了市场机制的经济学家已经看到贪婪和懒惰这些人性之恶可能是它的致命缺陷。

早在亚当·斯密写作《国富论》时，他对合股公司的经济前景就并不看好："在钱财的处理上，股份公司的董事为他人尽力，而私人合伙公司的伙员，则纯是为自己打算。所以，要想股份公司董事们监视钱财用途，像私人合伙公司伙员那样用意周到，那是很难做到的。有如富家管事一样，他们往往设想，着意小节，殊非主人的光荣，一切小的计算，因此就抛置不顾了。这样，疏忽和浪费，常为股份公司业务经营上多少难免的弊窦。"如亚当·斯密[①]所见，人性的缺陷体现在东印度公司这种政治权力紧密结合的公司的贪腐和低效；在中国近代早期，它体现在官督商办企业的"厚己薄人，伎求无定"；在改革开放前，它体现在国有企业一方面效率低下，另一方面依赖政府解救亏损，哈佛大学的经济学家科尔奈称这种现象为"预算软约束"。

今天，即便人们已经了解了诸多与公司相关的道德和法律问题，仍然还有至少两个与公司与生俱来的道德和法律问题：第一个是公司的代理成本问题；第二个是我们要谈的社会责任问题。

由于公司的参与各方有着各自不同的利益诉求，在公司的运行实践中不可避免地存在集体行动和激励问题。经济学家詹森和麦克林把不同利益诉求的各方合作时的关系称为代理关系。按照

---

①［英］亚当·斯密：《国富论》，郭大力、王亚南译，商务印书馆 2015 年版，第 710 页。

他们的定义，只要有多人之间的合作，就存在着代理关系。如果委托人和代理人都是效用最大化的追求者，那么就有理由相信代理人不会总按委托人的利益行事。为了保证委托双方的利益一致，委托人就需要订立适当的契约来限制代理人利益上和行为上的偏差，这种契约的设计需要承担的成本便是代理成本。

詹森和麦克林将“代理成本”定义为：为设计、监督和约束利益冲突的代理人之间的一组契约所必须付出的成本，加上执行契约时成本超过利益所造成的剩余损失。具体来说，“代理成本”分为三个部分：（1）监督成本，即委托人用于管理代理人行为的费用；（2）担保成本，即代理人保证不采取损害委托人行为的费用，以及如果采取了那种活动，代理人将赔偿委托人的费用；（3）剩余成本，即由于代理人的决策和使委托人的利益最大的决策之间存在着偏差而导致委托人利益的损失。通过界定权利来降低代理成本，是制度建设的不二法则。①

另一个与公司相关的道德和法律问题是本书的主题——公司社会责任问题。到 19 世纪 70 年代，当公司作为一种商业组织形式已经稳固地存在于社会时，美国爆发了一场关于公司的道德和法律讨论。讨论肇始于芝加哥大学的经济学家弥尔顿·弗里德曼在《纽约时报杂志》发表的著名论断：“公司的唯一社会责任就

① 参见陈永伟：《詹森及其代理成本理论》，载 http://money.163.com/10/1213/15/6NPV29KD00253G87.html，最后访问时间 2018 年 4 月 24 日。

是为股东赚取利润。”这固然不是学者第一次讨论社会责任，但这一次学者的观点通过公共媒体广泛传播，给美国乃至全世界带来了广泛且深远的影响。弗里德曼本人在公共生活中的活跃度和他所在的芝加哥经济学派所给予的广泛支持，当然对此颇有贡献。公司社会责任问题备受重视的社会背景是公司对社会的影响越来越大。由于公众对公司的道德预期构成了相关立法管制的基础，过去数十年间公司社会责任在公共领域的讨论日渐兴盛。①

弗里德曼强调，公司管理者必须知道，如果他是要为社会责任考虑，而不是为股东、消费者、员工的福利考虑的话，他实际上就是对上述群体征税，并且不征求他们意见就决定了把这笔钱花在哪里。而这笔钱，股东、消费者或者公司雇员原本可以用来做他们自己更愿意做的事情。因此，代表公司做决定的经理人在这里有“慷他人之慨”之嫌。做决定的人并不负担成本时，就可能带来道德风险并导致浪费与无效率。这也是学界后来提出的“代理成本”。

社会责任完全有可能是某种其他目的的幌子。弗里德曼写道：“不可避免地，在实际操作中，公司社会责任的教条学说经常被用来当成有着其他目的的行为的幌子，而不是这些行为的真正初

---

① Milton Friedman，The Social Responsibility of Business Is to Increase Its Profits，*New York Times Magazine*，September 13，1970.

衷。举个例子，对于一个为一小型社区提供着大多数就业机会的企业而言，将其资源的一部分用以向这个社区提供福利、改善其政府，对这个公司自己是有利的。因为这样可能更容易吸引高素质的员工，可能间接降低了工资支出，也可能由于该社区生活质量的改善从而降低了针对这个公司的偷盗、破坏事件等负效应。另一种可能是，在现有公司法关于因慈善捐款而免除税款的相关条例框架下，公司股东直接通过公司将捐赠付给慈善机构，而不是他们自己作为个人出这笔善款，因为就算股东不捐赠这笔善款，这笔钱最终也是要以公司税的名义上缴给政府。在上述的任何一种情况（或者其他相似的情况）下，公司管理层们很容易受到把公司的这种行为套上‘社会责任’的马甲的诱惑。考虑到当下的社会氛围，在对‘资本主义’‘利润’以及‘卑鄙无情的集团公司’的憎恶大行其道之时，以社会责任的名义支出自己的必要成本可以获得民众的支持与好感，哪怕这些必要成本纯粹只是出于其自身的利益考虑。”

弗里德曼也许想要提醒一件不为公众所知的事情，即社会责任背后有如许利益权衡和假冒伪善，因此将公司社会责任看作某种不应该，也无法以立法推动的道德责任，是最为明智的选项。因此，公众在面对舆论的反复和立法选择的时候，最好不要支持和鼓励任何与社会责任相关的举动。

弗里德曼的主张得到广泛的讨论和后来持续的影响，和前述公司的第一个道德问题即代理成本问题相关。弗里德曼实质上告诉人们，支持公司社会责任，就意味着更加难以监督经理人、增加更多的代理成本。随着代理成本范式在公司治理和公司法的讨论中被越来越广为接受，弗里德曼的论辩也日益得到加强。

第二节　公司社会责任在国际上的发展

公司社会责任普遍被认为是起源于西方国家的一个概念。这一概念最早源于美国，之后在欧洲大陆传播，在一系列的论战中不断发展和演变，并逐渐传入发展中国家。在公司社会责任理论日趋成熟的过程中，该理论也逐渐被国际社会所接受，并在国际法以及许多国家的国内法中都有所体现。

一、不同历史阶段的公司社会责任

（一）19 世纪中后期至 20 世纪 50 年代：公司社会责任概念的萌芽阶段

从历史的角度出发，19 世纪中后期正是西方工业革命蓬勃发展的时期，许多新兴的公司开始成立并进行大量的商业活动，人类逐渐从农业社会走向商业社会。因此，将工业革命时期的活动作为公司社会责任的分析起点是很有必要的。[①] 在 19 世纪，一位

① Archie B. Carroll，A History of Corporate Social Responsibility：Concepts and Practices，*The Oxford Handbook of Corporate Social Responsibility*，Sep 2009.

名为欧文（Scotsman Robert Owen）的商人最先在他位于苏格兰纺织工厂的周围建立起一系列社区村庄。这些村庄为雇员的孩子们提供教育、必备的健康保障设施、银行和其他休闲活动。后来以他的名字命名的欧文主义越来越流行，快速地跨过大西洋传播到了美国，[①]并在美国得到了进一步的发展。波兰尼曾在著作《大转变》（*The Great Transformation*）一书中写到英国革命的爆发使许多传统农业者、小手工业者面临着失业的风险，这些个体缺乏必要的教育，难以获得工业革命所需要的技巧，无法进入新经济环境成为有效的劳动力，因此生活陷入困顿之中。大量劳动者失业的同时带来了许多社会问题，因此企业作为社会的重要组成部分便开始承担起了一定的社会责任。[②]

工业革命以后，现代意义上的公司逐渐出现，公司作为从事经济活动的主要主体，将利润最大化作为一项重要的经济责任。同时，在那个阶段，公司都特别关注自己的员工并致力于提高工人的工作效率以赚取更多的利润。但是，问题在于人们很难区分公司是出于商业目的还是社会目的，进行慈善捐赠活动、提高员工福利等。对英美判例进行分析，我们发现法官也很难在相似的案件中给出统一的回答，在何种情况下鼓励企业捐赠，在何种情

---

① de Castro-Isabelle，R.C.G.，Gravel-Hagen，D.I.D.E.，Linnik，H.J.C.J.M.，Gao-Arnold，S.S.T.Y. and Zack，M.，Governance，International Law & Corporate Social Responsibility.

②［匈］卡尔·波兰尼:《巨变——当代政治与经济的起源》，黄树民译，社会科学文献出版社 2013 年版。

况下禁止捐赠依旧莫衷一是。比如，在英国 1883 年 Hutton v. West Cork Railway Co. 一案中，West Cork 铁路公司决定对因公司解散而失去工作的雇员们给予一定金钱上的补偿，而 Byron 法官宣告该捐赠行为无效，认为慈善活动与董事没有任何关系，董事应该做而且唯一能做的事情就是将公司的钱用在公司的商业运行之中。① 而相反的是，在另外一个美国案子 Steinway v. Steinway & Sons 中，法官就允许了 Steinway & Sons 公司买来一大片土地为它的员工提供教堂、图书馆、学校等基础设施。在这个案子中，法院认为增进与员工的关系可以为公司带来巨大利益。② 根据管理历史学家 Daniel A. Wren 的观点，英美在工业革命蓬勃发展期间进行大规模的增进员工福利运动，其最主要的原因是改革者都将公司工厂系统内可能会出现的问题，诸如妇女以及童工问题、贫民问题，作为引发大量社会问题的源头。这个时期公司进行的一系列捐赠活动、提供员工福利等活动都可以看作是公司社会责任的一个萌芽。

这个萌芽阶段持续到 20 世纪初期，进入 20 世纪以后，随着公司规模的世界性扩张和资本力量的全球性渗透，公司的活动范围日益扩大，使公司的触角延伸到社会生活中的每个角落，成为控制经济甚至政治发展的主导力量。③ 在公司以“追求利润最大化”为其主要目标的发展阶段，公司社会责任的理念还没有得到

① Hutton v. West Cork Railway Co. 23 Ch D 654. 1883.

② Steinway v. Steinway & Sons. 17 Misc. 43， 40 N.Y.S. 718. 1896.

③ 马俊彦：《公司社会责任的范围》，载《宁波大学学报》2012 年第 25 卷第 6 期。

普遍的认可；而在公司由“利润最大化”阶段向“信托管理”阶段发展的过程中，公司中管理者的角色逐渐由代理者转变为受托人。公司的职能不仅仅停留在追求利润最大化，它还承担着平衡各方主体的利益的职责。公司不仅代表股东的利益，也不能忽视诸如公司员工、消费者、社会的利益（Robert Hay and Ed Gray, 1974）。与此同时，公司还将对社会的捐助作为其主要活动之一。但值得注意的是，在公司社会责任的萌芽阶段，公司除了慈善捐助外，并没有太多其他的社会活动，因此这个阶段也被称为公司社会责任的“慈善阶段”。①

（二）20 世纪 50 年代至 20 世纪 80 年代：公司社会责任概念的发展 / 激辩阶段

关于公司社会责任，这个期间主要是一个学术上争鸣而非采取具体行动的时代。学者们互相交换观点，商业管理者开始逐渐习惯于公司社会责任的讨论。但除了慈善公司外很少有公司采取新的活动以履行公司的社会责任。

1953 年，Howard R. Bowen 出版了一本名为《商人的社会责

① Patrick Murphy 将 CSR 划分为四个历史阶段，第一个阶段是 20 世纪 50 年代之前称为慈善阶段（the philanthropic era），第二个阶段是意识阶段（the awareness era），第三个阶段是问题阶段（the issue era），即公司开始关注诸如污染、种族歧视等特定的个别社会问题，第四个阶段是回应阶段（the responsiveness era），公司开始采取严厉的管理组织活动以处理 CSR 问题。见 Murphy，Patrick E.，An Evolution：Corporate Social Responsiveness，*University of Michigan Business Review*，Nov 1978，pp.19-25。

任》（*Social Responsibilities of the Businessman*）的著作。在该书中，Bowen 对“商人的社会责任”这一概念进行了最初的界定，他认为社会责任指的是商人为了满足社会的价值目标而制定发展政策，进行决策或者实施行为的责任。这种社会责任虽然不是解决所有商业社会问题的灵丹妙药，但却为将来的商业发展提供了重要的指引。Howard Bowen 被后来的学者称为“企业社会责任之父”。①Morrell Heald 在 20 世纪 70 年代出版的《商业的社会责任：公司和社会，1900—1960》（*The Social Responsibilities of Business: Company and Community*，1900–1960）再一次证明了这个时期商人开始接受并实践公司社会责任。Heald 关于公司社会责任的概念的讨论与 Bowen 相互一致协调。② 另外一位学者 William C. Frederick 为了总结这个时期公司社会责任的含义，提出三个主要理论观点：第一个是将公司管理者视为公共受托人，第二个是平衡关于公司资源的相互竞争的观点，第三个是将慈善行为视为显著的商业履行社会责任的表现。③ 之后，Keith Davis 再一次把公司社会责任定

---

① Carroll，A.B.，2008. A History of Corporate Social Responsibility：Concepts and Practices. *The Oxford Handbook of Corporate Social Responsibility*，pp.19-46.

② Morrell Heald，The Social Responsibilities of Business：Company and Community，1900–1960. Cleveland：The Press of Case Western Reserve University. 转引自 Carroll，A History of Corporate Social Responsibility：Concepts and practices，见前注。

③ William C. Frederick，Corporation Be Good：The Story of Corporate Social Responsibility. Indianapolis：Dog Ear Publishing，2006. 转引自 Carroll，A History of Corporate Social Responsibility：Concepts and Practices，见前注。

义为商业决策和行动至少部分超过公司直接的经济或技术利益；Davis 在 1973 年的一篇文章中引用两位著名的经济学家针对这一问题的不同观点，其中之一是 Milton Friedman，他认为公司的职责就是为股东攫取最大的利益，对公司社会责任的接受与认可是对自由社会的伤害，Davis 进一步展示并讨论了支持与反对公司社会责任的两派不同观点。[①]George Steiner 在 Frederick 和 Davis 的观点之上则进一步讨论公司社会责任可以应用的具体领域，并提出了决定商业履行社会责任的标准与模型。[②]

当一批学者针对公司社会责任的概念如何进行准确界定的同时，还有一批学者致力于研究公司与社会之间的关系。Clarence C. Walton 在他 1967 年版的《公司社会责任》一书中则从多个方面强调了公司社会责任是公司与社会亲密关系的一种体现，并指出公司社会责任的重要方面之一是自愿性而非强迫性。Harold Johnson 在 1971 年《现代社会的企业：框架和问题》（*Business in Contemporary Society: Framework and Issues*）一书中强调公司社会责任要求公司的管理者不仅追求股东利益的最大化，还要将雇员、当地社会甚至国家的利益纳入考量范围，是一种多利益的博弈与

① Keith Davis，The Case for and against Business Assumption of Social Responsibilities，Academy of Management Journal，16：312–22. 转引自 Carroll，A History of Corporate Social Responsibility：Concepts and Practices，见前注。

② Steiner，George A. 1971. *Business and Society*. New York：Random House. 转引自 Carroll，A History of Corporate Social Responsibility：Concepts and Practices，见前注。

平衡。美国经济发展委员会（CED）在1971年发表的《工商企业的社会责任》（*Social Responsibilities of Business Corporations*）报告中对公司社会责任的发展作出了开拓性的学术贡献，经济发展委员会由商人、教育家等各个领域的人组成，因此他们的观点反映了社会责任的一种发展与变化。书中指出经过公众同意的商业功能最主要的目的是满足社会基础性的要求。经济发展委员会指出公司社会责任是公司与社会之间的一种合同关系的体现，并提出了"三个同心圆模型"。报告中指出"最里圈包括明确的有效履行经济职能的基本责任，比如产品、就业以及经济增长等；中间一圈则包括在执行这些经济职能的时候，对社会价值和优先权的变化采取一个积极态度的责任，比如尊重环境保护、雇佣、雇员之间的关系，以及消费者希望得到更多的信息、公平对待、避免受到伤害等；最外圈包括新出现的不明确的责任，也就是企业必须保证越来越多地参与到改善社会环境的活动中来"。面对诸多热烈的学术讨论，Muirhead（1999）将20世纪50年代到20世纪80年代中期视为公司社会责任的一个快速发展和扩张的时期。[①]

（三）20世纪80年代至今：公司社会责任的逐渐成熟阶段

20世纪80年代以来，公司作为一种公民身份被引入商业和

① 上述理论梳理，见Carroll，A History of Corporate Social Responsibility：Concepts and Practices，见前注。

社会的关系当中，因此作为社会公民而有义务承担的社会责任被逐渐纳入公司社会责任的讨论范畴之中。[①] 随着 20 世纪 80 年代英国社会高失业率、城市衰退、社会动荡等问题的凸显，公司社会责任的讨论开始逐渐从美国向英国以及欧洲大陆蔓延。而伴随着经济全球化加速，世界范围内跨国公司的崛起唤醒了公众对公司社会责任的关注。在这种语境下，关于公司社会责任这一话题的讨论进一步扩展到全球范围内。关于公司社会责任的讨论之所以会随着全球化而扩张，主要是因为以下两个原因：一是经济全球化使社会的范围被扩大，商业组织被置于一个更为广阔的社会环境中，需要承担更多的责任；二是跨国公司这种商业形式作为重要的社会主体拥有越来越多的社会影响力，跨国公司不仅仅是作为一种商业主体发挥作用，很多时候它还承担着投资者、游说者、革新者等各种社会角色，在媒体、娱乐、环境、就业等诸多社会问题上发挥着作用。与此同时，跨国公司也会带来越来越多的社会问题，诸如劳资矛盾、环境问题，而这些问题往往会随着经济全球化而影响到更多的社会主体，从而引起人们对跨国公司社会责任的关注。正是由于整个社会的共同作用而非仅仅企业自身使公司等商业组织获得成功，因此公司的社会责任也必将是全球商业领域内不可忽视的话题。

---

① Camilleri, M.A. (2015). Corporate Social Responsibility: Theoretical Underpinnings and Conceptual Developments. In Vertigans, S. & Idowu, S.O., Stages of Corporate Social Responsibility: From Ideas to Impacts. Springer, http://www.springer.com/gb/book/9783319435350.

之所以将这个阶段称为公司社会责任的逐渐成熟阶段，是因为学者们不再仅仅关注于公司社会责任这个概念的定义与内涵本身，而是开始进一步认识到公司作为重要的社会主体可以通过履行社会责任从而解决社会问题，并开始探索在现实生活中如何践行公司社会责任并实现社会的利益最大化。随着越来越多诸如环境、劳工等社会问题的涌现，传统的国际机构和法律框架变得不稳定（Cutler，2006）。国际社会曾经在20世纪70年代建立联合国跨国公司委员会（United Nations Center for Transnational Corporations），试图制定一份有约束力的行为准则以规制跨国公司的行为，最终以失败告终。[①]ICC在1995年的一个关于气候变化的判例中明确声明了公司的重要性，指出："工业的介入是解决气候变化问题的重要因素。因为正是工业可以满足消费者对商品和服务的日益增长的需求，可以发展并传播世界上的大部分技术，因此也正是工业能够最终推进气候变化政策的实行并对此给予资金支持。"[②]

随着公司逐渐参与到国家治理乃至全球化治理的进程中，公

① 黄志雄、左文君：《企业人权责任的新发展——从2003年〈责任准则〉草案到2011年〈指导原则〉》，载《哈尔滨工业大学学报（社会科学版）》2012年第3期。

② David L. Levy and Rami Kaplan：Corporate Social Responsibility and Theories of Global Governance：Strategic Contestation in Global Governance：Strategic Contestation in Global Issue Arenas，p. 4，from *The Oxford Handbook of Corporate Social Responsibility* Edited by Andrew Crane，Dirk Matten，Abagail McWilliams，Jeremy Moon，and Donald S. Siegel，Oxford Univeristy Press，2008.

司社会责任在国际层面上要从两个维度展开，其一是建立在一个概括性的国际框架之上，利用这个国际框架对任何不能遵守国际标准的公司进行纠正；其二是当国内的法律或管理实践无法足够及时充分地涵盖公司社会责任这一话题的时候，可以考虑建立在一些领域对特定的行为进行标准化规范。[①] 也就是说，一个新的全球化公司治理架构需要被建立，通过更多的国际化行为规范以及标准限制并塑造跨国公司的行为，使跨国公司能够更加负有社会责任，更加公开透明，也使公司社会责任法律化这一命题逐渐清晰化。

二、国际组织对公司社会责任的推动

1999 年 1 月在达沃斯世界经济论坛年会上，安南提出了“全球契约”（Global Compact）计划。该计划于 2000 年 7 月在联合国总部正式启动，之后一些跨国公司纷纷开始发布可持续发展报告和社会责任报告，逐渐出现了企业履行社会责任的全球化趋势。全球契约系以人权、劳工、环境及反腐败四项议题为核心，并提出十项原则供企业遵循，即企业应支持与尊重国际人权的保障；企业应确保不与侵害人权者同流合污；企业应保障集会结社之自由，并有效承认集体谈判的权利；企业应消除一切形式的强迫和

---

① ILO，Research Series：Governance，International Law & Corporate Social Responsibility，p. 43.

强制劳力；企业应支持有效废除童工、企业应支持消弭雇用及职业上的歧视；企业应支持对环境挑战采取预防性措施；企业应主动积极承担更大的环保责任；企业应鼓励研发及推广环保化的科技；企业应反对任何形式的贪腐，包括勒索与贿赂。

国际标准化组织“社会责任指南标准”（ISO26000）于2010年11月1日由国际标准化组织（ISO）在瑞士日内瓦发布，该指南用SR（社会责任）代替CSR（公司社会责任），意味着以往只针对企业的指南推广至所有类型的组织，包括公有的、私有的，发达国家的、发展中国家的和转型国家的各种组织，但是不包含履行国家职能，行使立法、执法和司法权力，为实现公共利益而制定公共政策，或代表国家履行国家义务的政府组织。该指南在以下方面提供指导：与社会责任有关的概念、术语和定义，社会责任的背景、趋势和特点，与社会责任有关的原则和做法，核心主题和社会责任问题，在整个组织内以及其政策和实践的影响范围内，整合、实施和促进对社会负责任的行为，识别并与利益相关方合作，承诺、行为和其他相关信息的沟通。①

OECD在2011年修订的《经合组织跨国企业准则》（OECD Guidelines for Multinational Enterprises）是1976年通过的《国际投资和多国企业宣言》的一部分，最初的目的是通过制定成

① ISO 26000 and the International Integrated Reporting<IR>Framework briefing summary at 2.

员国协商一致的国际标准以实现外国投资利益的最大化并降低因对跨国企业施加相互矛盾的要求而产生的风险。[①]（开始并未对跨国企业产生的人权及其他社会问题予以关注）随着跨国公司引起的社会问题日益突出，2000 年 6 月《经合组织跨国企业准则》在修订过程中对跨国企业遵守东道国相关法律政策规定以及尊重人权等内容进行了规定。增加了独特的实施机制，要求各国设立国家联络点（National Contact Point）从而解决争议并对企业行为进行咨询。[②]2011 年修订的《经合组织跨国企业准则》中首次提出公司有责任尊重联合国《工商业伦理与人权指导原则》中规定的各项人权等（OECD Principles of Corporate Governance）。

2011 年，国际金融公司（IFC）发布了《关于环境和社会可持续性的绩效标准的指导说明》（Guiding Notes on the Performance Standards on Social and Environmental Sustainability）[③]，该指导说明对应于关于环境和社会可持续性的绩效标准，旨在为更好理解绩效标准的各项规定提供帮助。它强调项目活动应该尊重人权，这意味着避免侵犯他人的人权，并解决项目活动对人权可能导

① B.Simma，International Human Rights and General International Law：A Comparative Analysis，Collected Courses of the Academy of European Law，1993，p. 233.

② 萨楚拉：《跨国公司人权责任探析》，载《湖北大学学报（哲学社会科学版）》2015 年第 42 卷第 3 期，第 122 页。

③ http://www.ifc.org/wps/wcm/connect/1e1241004f5ae17a9049de032730e94e/GN_Chinese_2012_Full-Document.pdf?MOD=AJPERES.

致的或促成的不利影响。每项绩效标准都包含一个项目在运营当中可能涉及人权的相关要素。基于这些绩效标准进行的尽职调查将使客户能够解决项目中的很多与人权相关的问题。

香港联合交易所于2012年出台《环境、社会及治理报告指引》(Environmental，Social and corporate Governance，ESG)，该指引列明了有关环境、社会及治理的主要范畴、层面、一般披露及关键绩效指标，并明确该指引没有涵盖所有披露事项，而是鼓励发行人主动识别即披露与其业务有关的环境、社会及治理事宜和关键绩效指标，也可参考与其行业或业界有关的现有国际环境、社会及治理报告指引。其主要范畴包括工作环境要素（其层面包括工作环境、健康与安全、发展及培训）、环境保护（其层面包括资源使用、环境及天然资源）、营运惯例（其层面包括供应链管理、产品责任、反贪污）及社区参与（其层面包括社区投资）。2015年7月，安永气候变化与可持续发展服务主办了深度研读港交所指引的系列研讨会，会上提出“香港联交所提高其出台的《环境、社会及治理报告指引》的合规要求，意味着在港上市企业ESG信息披露势在必行。对企业来说，这是一场新的变革浪潮，既是挑战，更是机遇。在各项准则的推动下，在政府、监管机构及利益相关方对企业社会表现的关注下，谁率先把握ESG信息披露规则和对话语言，谁将在市场竞争中抢占先机”。同时，安永指出：“ESG信息披露是一个闭环过程，企业可以通过目标设定，实现ESG管理的常态化。重大性分析是满足香港联交所合规要求的重要工作，企业应基于现有管理特征与实际情况，对ESG管理与指标体系进行综合考虑。”[①] 上市公司环境、社会及公司治理信息披露的目的是满足利益相关方的信息需求，包括监管机构、投资者、社会公众、消费者等，通过信息披露，利益相关方能够了解公司的相关情况，公司也能及时得到反馈加以改进，从而更好地满足利益相关方的要求。该制度的目标是提高公众知情权、改善资本市场决策过程、增强行业竞争。主要方法包括将强制信息披露要求纳入法律法规、企业信息披露标准和框架以及投资指数和投资工具。[②] 我国也出台了一系列关于ESG信息披露的法律法规，例如，《环境保护法》《水污染防治法》和《大气污染保护法》等专门的环保法律，2003年的《关于企业环境信息公开的公告》是首个关于企业环境信息披露的规范，之后又相继刊发了《上市公司社会责任指引》《环境信息公开办法（试行）》《关于中央企业履行社会责任的指导意见》《关于加强上市公司环境监督管理工作的指导意见》等。

① 安永会计师事务所网站，http://www.ey.com/cn/zh/services/specialty-services/climate-change-and-sustainability-services/ey-esg-workshop。

② 王骏娴、秦二娃：《国际上市公司强制环境、社会及公司治理信息披露制度对我国的启示与借鉴》，载资本市场研究网2016年1月20日。

第三节
公司承担的社会责任：商业实践发展

一、公司管理者对自身承担社会责任的思考

在 1946 年出版的《公司的概念》中，管理学家德鲁克提出，当大型企业已经成为一个现代工业社会不可或缺的经济组织形式的时候，公司应该考虑：它是否适应社会的需要？它的目标和所在社会的需要之间，存在什么样的冲突？① 德鲁克甚至谈到，公司应该“坚守承诺，充分满足美国人民的愿望，实现他们的信仰”。公司的行为必须保证“人人享有公平的机会，并按照能力大小和努力程度获取相应的报酬，确保每一个社会成员无论多么微不足道，都享有公民应有的社会地位和尊严”。②

① [美] 彼得 · F. 德鲁克《公司的概念》，罗汉等译，上海人民出版社 2002 年版，第 11 页。

② [美] 彼得 · F. 德鲁克《公司的概念》，罗汉等译，上海人民出版社 2002 年版，第 11 页。

德鲁克的这些认识，在商界广为流传。到 20 世纪 70 年代，随着弗里德曼理论兴起，德鲁克也给出了回应。1973 年，德鲁克在他的名作《管理学》中提出了一个针锋相对的观点，他写道："对企业来说，只有一个合理的目的，就是创造消费者……消费者决定了一个企业是什么样的。只有消费者才能决定愿意为什么样的商品或者服务来付钱，这样的意愿让资源成为财富、物品成为商品……消费者是企业的基础，也让它能够持续存在下去。"①

实践了消费者价值论的公司，在后来的竞争和日益深化的全球化进程中获得了真正的回报。随着消费者取得越来越多的选择范围，通过新兴的互联网得到更可信赖的信息，对商品和服务的要求渐渐提高。实践消费者价值论的公司，包括苹果、亚马逊、全食、丰田、海尔等企业，都因为能够不看一时的盈利而是致力于提供更好、更便宜、更快的商品和服务，成长为全球性的大公司。不追求盈利的公司反而成了盈利最佳的公司。

早年被弗里德曼的拥护者们所推崇的一个企业家 Jack Welch（通用电气的 CEO），在 2009 年接受《金融时报》采访时公开表

---

① "There is only one valid definition of business purpose：to create a customer.... It is the customer who determines what a business is. It is the customer alone whose willingness to pay for a good or for a service converts economic resources into wealth，things into goods.... The customer is the foundation of a business and keeps it in existence." Drucker，Peter. *The Practice of Management*. Routledge，2012，p. 61.

示："就从这个理论表面上看，股东价值论（追求为股东赢得利润）是天下最蠢的想法。股东价值是结果，不是方法……真正的服务对象是你的员工、客户和你的产品。经理人和投资者不能把股票价格的提高设定为他们的总体目标，短期利润必须服从于公司长期的价值所需。"①Jack Welch 的思考代表了商界的主流，企业的管理者们很少会认为自己真正的使命是创造利润而是把服务于客户、创造产品、领导员工作为自己更重要的目标。

英国《经济学人》2005 年的一篇文章写道："今天所有的公司，特别是那些大公司，都很少再完全担心利润，而是常常考虑怎样才能承担它们的社会责任。也许让人吃惊的是，这些需求带来了广泛的、在公司董事会层面的某种意愿（不敢说强烈的意愿），对于公司社会责任原则的近乎崇拜的追随。各个公司聘请了公司社会责任经理、设置了公司社会责任顾问、建立了公司社会责任部门，以及四处都有的公司社会责任计划。"②

① Yacine Belghitar et al，Does it Pay to be Ethical？Evidence from the FTSE4Good，*Journal of Banking & Finance* Volume 47，October 2014，pp. 54-62.

② "Today all companies，but especially the big ones，are enjoined from every side to worry less about profits and to be socially responsible instead. Surprisingly，perhaps，these demands have elicited a willing，not to say avid，response in enlightened boardrooms everywhere：companies at every opportunity now pay elaborate obeisance to the principle of CSR. They have CSR officers，CSR consultants，CSR departments，and CSR initiatives coming out of their ears."（*The Economist*，22 January 2005，p. 11）

二、资本市场对公司社会责任的推动

富时指数（FTSE4Good Index）是 FTSE 集团 2001 年推出的一项投资股票市场指数，它覆盖英国、美国、欧洲和日本市场，其中包含基于一系列公司社会责任的标准也常被称为“道德指数”。在解释推出“道德指数”的原因时，该公司行政总裁梅克皮斯表示，“投资方在选择投资对象时，越来越多地希望挑选那些有社会责任感的公司。近期，投向这方面的资金是以往的 4 倍。”①

除富时指数之外，还有一系列的社会责任投资指数建立，如道琼斯可持续发展指数 DJSI、MSCI 全球 / 美国 / 新兴经济体 ESG 指数系列、Domin1400 指数、Ethibel 指数、STOXX ESGLeaders 指数系列、恒生可持续发展企业指数系列等，从投资、环境、社会、人权等方面评价企业可持续发展能力。在这些指数中，公司对环境、社会所产生的影响，公司如何改变目标、战略，改进经营程序来改善对环境和社会的影响，以及通过特定的、可比较的定量指标研究公司的实际业绩。通过相关信息披露，投资者能够清楚地了解企业在社会责任方面的情况。

事实证明，纳入 ESG 表现作为投资决策依据，构建的这些 ESG 投资指数都具有良好的长期表现。在评估方法和指标体系上，各家机构都包含了环境可持续发展影响、社会可持续发展影响、

① 刘桂山:《英国推出“道德”股指》, 载《国际经济信息》2001 年第 15 期, 第 8—9 页。

企业内部及外部利益相关方关系管理，以及环境与社会风险管理等方面。其中环境与社会风险管理体现企业对未来风险的关注与把控能力；并根据不同市场的具体情况，调整四个方面得分的权重；在指标体系中，都同时包含数值指标与定性（是或否）指标，同时通过指数标准化，保证跨行业的可比性；都以企业自主信息披露，如《社会责任报告》《可持续发展报告》《环境责任报告》等为主要数据基础，配合调研数据补充信息，但较少使用监管执法信息；依托第三方机构提供深入、具体、可靠的上市公司自然资本数据及分析服务，为评估评级方法的优化提供支持。国际主流指数公司，如MSCI、道琼斯、富时集团等，均在通过其不断研发的ESG相关指数系列，扩大地区覆盖范围和市场影响力，推动其ESG信息披露标准发展成为国际统一标准。①

近年来，将社会责任纳入投资考虑因素的基金和机构投资者运作良好，大大鼓励了投资者对公司提出社会责任的要求。到2014年，社会责任投资基金在美国达到大约37400亿美元的规模，占到财富管理市场的11%，在英国约有12350亿英镑，占到市场总量的27%。②

① 兴业研究：《上市公司ESG披露、评估与应用》，载http://finance.jrj.com.cn/2017/04/13164722311838.shtml，最后访问时间2018年4月24日。

② Eduardo Ortas，José M. Moneva，Manuel Salvador，Do social and environmental screens influence ethical portfolio performance? Evidence from Europe，see *BRQ Business Research Quarterly*，Volume 17，Issue 1，2014，pp. 11-21.

三、人权对公司社会责任的影响

20世纪六七十年代，跨国公司的活动尤其是涉及劳工和社会政策的活动引发了激烈了讨论，国际社会呼吁制定相关文书来规范其行为，国际劳工组织在1977年通过了《关于多国企业和社会政策的三方原则宣言》（ILO Tripartite Declaration on Multinational Enterprises and Social Policy），并在2000年进行修订。该宣言认为跨国公司能够为母国创造利益，充分利用资本、技术和劳动力，促进经济和社会福利以改善生活水平，满足基本需求，创造就业机会。该宣言旨在鼓励跨国公司为经济和社会发展作出积极贡献，最小化或解决他们可能遇到的困难。内容包括就业（促进就业、机会和待遇平等、就业保障）、培训、工作和生活条件（薪资、福利和工作条件、最低年龄、安全和健康）、劳资关系（结社自由和组织权利、集体谈判、协商、对申诉的审议、劳资纠纷的解决）。

为推动公司社会责任，联合国前秘书长安南（Koffi Anan）于1993年1月31日在世界经济论坛（World Economic Forum），向各国企业领袖提出全球盟约（Global Compact）之构想，并在2007年7月于联合国总部正式启动，借此建立有关公司社会责任的国际共通标准。全球盟约系以人权、劳工、环境及反贪腐四项议题为核心，并提出十项原则（principles）供企业遵循。

联合国全球盟约所提出的十项原则为：

A. 企业应支持与尊重国际人权的保障

B. 企业应确保不与侵害人权者同流合污

C. 企业应保障集会结社之自由，并有效承认集体谈判的权力

D. 企业应消除一切形式的强迫和强制劳力

E. 企业应支持有效废除童工

F. 企业应支持消弭雇佣及职业上的歧视

G. 企业应支持对环境挑战采取预防性措施

H. 企业应主动积极承担更大的环保责任

I. 企业应鼓励研发及推广环保化的科技

J. 企业应反对任何形式的贪腐，包括勒索与贿赂

2011 年 6 月 16 日，人权理事会第 A/HRC/RES/17/4 号决议通过了由约翰·拉格（John Ruggie）起草的《工商企业与人权：实施联合国“保护、尊重和救济”框架指导原则》（Guiding Principles on Business and Human Rights for implementing the UN “Protect，Respect and Remedy” Framework），通常称为《联合国工商业与人权指导原则》。这是首个为预防和解决与工商业活动有关的对人权不利影响风险而制定的全球标准（4 个部分，31 条）。它可以追溯到 2003 年联合国人权委员会下属的增进和保护人权小组委员会通过的《跨国公司和其他工商企业人权责任准则草案》（以下简称《草案》）（The Norms on the Responsibility of Transnational Corporations and Other Businesses Enterprises with Regard to Human Rights）。其要求公司尊重人权的基本原则是工商企业应尊重人权，这意味着它们应避免侵犯其他人的人权，并应在自身卷入时，消

除负面人权影响。工商企业尊重人权的责任指的是国际公认的人权，在最低限度上，可理解为《国际人权宪章》以及国际劳工组织《工作中基本原则和权利宣言》中所载明各项基本权利的原则阐明的那些权利。尊重人权的责任要求工商企业：(a) 避免通过其本身活动造成或加剧负面人权影响，并消除已经产生的影响；(b) 努力预防或缓解经由其商业关系与其业务、产品或服务直接关联的负面人权影响，即使并非它们造成了此类影响。工商企业尊重人权的责任适用于所有工商企业，无论其规模、所属部门、业务范围、所有制和结构。然而，企业履行这些责任的手段可能因这些因素以及企业的负面人权影响的严重程度而有不同。为了履行其尊重人权的责任，工商企业应制定与其规模和环境相适应的政策和程序，包括：(a) 履行尊重人权的责任的政策承诺；(b) 人权尽责程序，以确定、防止和缓解人权影响，并对如何处理人权影响负责；(c) 补救其所造成或加剧的任何负面人权影响的程序。实施原则包括政策承诺、人权尽责、评估人权影响、采取适当行动、跟踪对策有效性、报告人权影响、补救等。

上述人权领域的发展在工商业中确立了一些基本的准则，形成相当的共识：人权是人人享有的基本权利，尊重人权对于实现法治及社会的公正和公平必不可少；由于作为商业组织的公司也能影响个人人权，公司应承担尊重人权的责任，这包括公司不侵犯人权，因此公司应采取积极措施，以避免被动接受或主动参与对他人权利的侵犯；为了尊重人权，每个公司都有责任开展尽职审查，以识别、评估、预防和处理因自身或组织关系方的活动所导致的实际或潜在的人权影响；当他方可能侵犯人权且本公司有可能牵涉其中时，尽职审查可以提醒公司有责任对他方行为施加影响。

第四节　政策和立法的选择

对于立法是否应当确认公司应当承担社会责任，早在20世纪30年代就已经拉开了讨论的序幕。其中最为家喻户晓的一次学术争鸣应当是哥伦比亚大学法学教授伯利与哈佛大学法学教授多德之间的论战。这场论战的起源是对于“法律是否要求公司保护社会经济的健康发展”这一问题的探讨。围绕这个问题的辩论包括了两种对公司的不同观点。[①]第一种观点认为公司是股东个人的财产，根据这种观点，公司的目的是关注公司所有者的利益，即增加公司股东的财富，而作为公司所有者代理的董事，他的主要作用也应该是为公司所有者增加其经济利益。支持这种观点的人认为公司法应当只规范股东和管理层之间的私人关系。[②]第二种观点则认为，公司是一个社会组织，公司法应当着重回应公共利益，其中就包括社会健康和安全发展。

① Kerr JE. Sustainability Means Profitability：The Convenient Truth of How The Business Judgment Rule Protects a Board's Decision to Engage in Social Entrepreneurship. *Cardozo Law Rev.* 2007；29：623-668，at 660.

② Millon，David. "Theories of the Corporation." *Duke Law Journal* 1990.2（1990）：201-262.

1931 年，哥伦比亚大学法学院教授 Adolf Berle 写了一篇名为《作为信托中权力的公司权力》(Corporate Powers as Powers in Trust）的文章，文章中 Berle 教授认为“授予公司或公司管理层的所有权力必须并且在任何时候只能为所有股东的可计算利益而行使”。[①] 他认为公司只是促进和保护股东利益的工具，公司法也应当以此为原则，任何其他目的的考量只会破坏公司本身的性质。在 Berle 教授发表此篇文章后的一年，哈佛大学法学院的 Merrick Dodd 教授撰写了另外一篇文章以质疑 Berle 教授的观点。Dodd 教授在《公司经理人受托于谁》(For Whom are Corporate Managers Trustees）一文中认为，事实上人们越来越意识到企业对社会负有责任，但是作为企业管理者应当更加自觉自愿地履行这些责任，而非等到法律强制他们去履行社会责任。[②] 同时，Dodd 教授在文章中以通用电器等大型公司为例，论证商业领袖已经开始意识到公司经理在运营公司时需要考虑一定的社会责任。除此之外，Dodd 教授对这一观点提供了几种解释。第一，他认为如果社会责任意味着公司经理对员工和消费者给予更多的关注，那么这样最终也会使公司的股东获利。他指出公司员工的满意能导致更高的生产力并在最终增加公司的利润。按照这种逻辑，公司

① Berle，A. A. Jr. “Corporate Powers As Powers in Trust.” *Harvard Law Review* 44.7（1931）：1049-1074.

② Dodd，E. Merrick Jr. “For Whom are Corporate Managers Trustees.” *Harvard Law Review* 45.7（1932）：1145-1163.

管理者通过关注更多社会群体而非股东自身的利益，可以使公司最终获利。Dodd 教授提出的第二种解释是法院已经为公司管理者提供了更多的自由裁量权，允许他们决定何种政策可以最好地促进股东的利益。Dodd 教授以公司慈善活动为例，他认为这种活动即使不会在短期内立即增加股东的财富，但是可以在社会中提高公司的声誉，消费者会因此倾向于购买该公司的产品，从而最终增加股东的利益。在 Dodd 教授看来，公司不仅被规制商业活动的法律所影响，而且也被公众的态度和观点所左右，社会中对待公司的态度已经在转变，因此公司法应当反映出这种转变。

这两位教授之间的著名论战最终在 1954 年发生了意想不到的转变。一直支持公司应当增加他们的股东利益的 Berle 教授发表了一本名为《20 世纪资本主义革命》（*The* 20th *Century Capitalist Revolution*）的著作。在这本书中，他回顾了与 Dodd 教授的论战，并指出随着时间的推移，这场论战以支持 Dodd 教授的观点而告终。① 在 Berle 教授最初发表自己观点的二十年之后，他认为事实支持了 Dodd，即法律确实规定公司的董事应当考虑相关利益者的权益，而不应仅仅关注公司股东的利益。

当代的研究者看到传统社会责任和公司法定义务在内容方面

① Adolf Berle. *The 20th Century Capitalist Revolution*. New York：Harcourt，Brace and Co；1954，at 169.

的交叉和重叠。如近期的一篇回顾性的研究论文指出[①]：

虽然道德准则在公司社会责任理念中至关重要，但是，公司社会责任的首要内容应当是法律责任。而法律责任通过以下方式表现：

第一，以原则性立法确立公司的社会责任。公司社会责任原则性立法的主旨虽然带有宣示性作用，但毕竟表明的是法律的态度。自20世纪中叶以来，公司社会责任立法化趋势明显。公司法中体现公司社会责任的规定，最早可见于1937年的德国《股份公司法》，其中规定公司董事“必须追求股东的利益、公司雇员的利益和公共利益”。英国也在1980年修改公司法时，规定董事必须考虑雇员的利益。最为引人注目的是美国法律研究所在1984年4月提供了一份关于《公司治理原则：分析与劝告》的建议，其中第2·01条关于“公司的目的与行动”的规定，显然扩大了公司的目的，使公司不仅具有追逐公司利润和股东利益的经济目的，而且还要对社会负有一定的责任。公司在追求公司利润与股东收益这个经济目标的同时，也必须同时兼顾其社会使命，公司以及公司的管理人可以为符合社会需求“合法地”为一定行为，从而承担其社会责任。我国《公司法》第5条亦明确规定公司应当承担社会责任。虽然就法条本身而言，该项规定表现为一种宣

① 朱慈蕴：《公司的社会责任：游走于法律责任与道德准则之间》，载《中外法学》2008年第1期，第29—35页。

示性条款，但已充分体现我国通过成文法的方式落实公司社会责任的一种努力。

第二，与时俱进地将日益明确的社会责任具体内容通过立法的方式予以颁布，强制公司执行，一旦违法要受到严厉的法律制裁。这是运用法律强制手段规管公司履行社会责任的硬约束。当然，公司的社会责任之法律规范，并不意味着只体现在公司法中，而是需要多种法律机制的配合，在整个法律体系中贯穿这一公共政策。比如，就保护消费者利益而言，有效的法律措施恐怕是管制产品安全，强化产品责任的损害赔偿和强制披露产品成分和性能，而不是让消费者代表进入公司董事会；至于环境保护、强制性法律措施比公司监管和自我约束要可靠得多。因此，充分利用现有法律资源，对其加以整合，共同解决公司社会责任不失为一条可行的途径。

如果将公司看作一个联系股东、管理层、雇员、消费者、银行、社区及其他利益相关人的合同束，随着现代国家对上述各方之间关系管制的深化，公司实际上已经承担了越来越多的社会责任。当然，因各国历史、社会、经济、政治及民情的不同，社会责任的形态可能各异，但全世界各国公司实际已承担社会责任的这一事实应无异议。全球化的深化，尊重人权这一共识体现在各项公约、条约及国际惯例中，带来了社会责任的进一步深化。

进一步地，在越来越多的国家，公司社会责任和公司治理已经出现了融合趋势。在发达国家，广泛出现的共识是机构投资者、政府和民间组织与公司合作推进公司的自我管治。主要的推动者包括各类社会保障基金（例如，美国的加州教师退休基金）、消费者组织和其他非营利组织，它们监督公司在其内部治理机制中引入公司社会责任指南所涵盖的内容，推出社会责任的各种排名，以及推广已知的良好实践等。在发展中国家，出自私营领域和民间组织推动的社会责任和公司治理相结合较少。特别是在劳动密集型经济的发展中国家，以社会责任内容为方向的民间活动得到的支持相对较弱，即便非政府组织和媒体有所主张，对公司的压力也不大，故此公司对利益相关人的责任承担以及公司的自我管治不能反映公司社会责任的核心原则。当然，不少发展中国家从立法和管制层面主动采纳了推动公司社会责任的措施，也起到了相当的补充。例如，印度尼西亚和加纳两国的劳动法立法就主动采纳了公司社会责任的内容。越南也有类似的立法。

公司如果选择行善（doing good），是否必定不能盈利（doing well）？这对面临决定的公司管理者来说当然有意义。对立法和司法裁判更有重大意义：由于公司法对公司代理人（广义上包括管理层乃至持有公司控制权的股东）设定了义务，如果公司并不负担社会责任，则公司代理人承担社会责任的行动可能带来法律对其违反义务的追究。落实到责任层面，就是法院可能在股东对管理层或持有公司控制权的股东提起违反忠实、勤勉义务的诉讼时支持股东的诉讼请求，判决管理层或持有公司控制权的股东败诉。无论晚近针对公司社会责任的实证研究，还是商业实践、资本市场社会责任基金的兴起，都体现了社会对公司行善正面意义的肯认。

第三章

中国的公司社会责任

进入21世纪，随着中国经济总量的增长，国际社会对中国发展模式的兴趣也与日俱增。在与经济增长模式相关的众多领域中，公司社会责任是一个学者和公众的共同关注的对象。鉴于公司在现代经济中的角色和影响力，公司社会责任承载了解决中国社会面临的种种社会问题的希望：环保、劳工待遇、社会福利、食品安全、消费者保护，等等。但有观察者看到当代中国公司自身对社会责任普遍无知和有意避免，政府也没有实现对企业在环保、劳工保护方面的强制要求，甚者把这些当作中国公司在全球竞争中取得优势的渊源。[①] 无论是国内劳工保护条件的欠缺、环境污染，还是中国企业在海外遭遇的批评，都展现了公司社会责任在研究和政策领域的突出问题。[②]

公众对公司社会责任的认知和公司本身仍然有严重分歧，一旦出现灾害和公共需要，公众往往以公司社会责任为由期待企业

① Andrew Brady Spalding，The Irony of International Business Law：U.S. Progressivism and China's New Laissez-Faire.

② 见张晓颖、王小林：《坦桑尼亚中资企业履行企业社会责任评估》，载《国际展望》2016年第2期。

捐款。例如，2008 年 5 月 19 日，南京市市民通过占领新街口正洪街麦当劳店面、把餐厅里用餐的人全部赶出来的方式，惩罚麦当劳作为“国际铁公鸡排行榜”的“上榜单位”。同时上榜的还有肯德基、可口可乐、诺基亚等多个知名企业，因为它们“在中国发大财而不捐款”。然而，正如记者所追问的：“捐多少能代表公司社会责任？”这种公众和企业的社会责任认知偏差使公司社会责任可能异化为不期待实质改变、只看待短期效果的社会运动和媒体喧嚣。①

只有追溯公司社会责任在中国的兴起，通过考察我国引入社会责任的独特路径和社会背景，我们才能了解上述问题产生的原因，并且为公司社会责任在中国的发展注入新的动力。公司社会责任最早产生于清末民初公司在中国出现时，晚近的兴起是我国在从计划经济转型为市场经济的大背景下发生的。在这个过程中，企事业单位、政府机关等原先提供社会服务的主体发生改变的同时，医疗、教育、失业保障、养老等需求需要有新的主体承接；同时随着市场经济的兴起，消费者保护、环境保护等新的需求产生，旧有的企业和政府机构在长时段仍需要适应新的任务；改制而成的公司化企业随着利润压力的增加满足上述需求的动机减弱。此时，社会责任的提出满足了社会治理的需求。同时，大量的社

① 见王小乔、潘晓凌，《追捧打杀，震后“捐款门”始末》，载《南方周末》2008 年 5 月 29 日。

会责任内容通过法律的形式，成为新兴的各类企业的义务内容。

政府推动社会责任法律化的一个主要目的是通过社会力量来监督包括国有企业在内的企业实现改善管理和经济发展的任务。这一点要求国家进一步对社会释放空间。当前国际上的公司社会责任运动主要由发达国家的环保、劳工保护、反歧视等社会运动所推动，这一运动在全球化时代对中国也产生了巨大影响。公司社会责任在中国的当地环境中能持续推动，必须取得本土企业的支持，同时在中国的文化和制度环境中探索帮助社会力量壮大的新途径。

第一节　公司社会责任在中国的出现

虽然公司社会责任这一概念及理论渊源产生于20世纪初的西方，但中国公司承担社会责任的现象并不少见，甚至可以追溯到民国时期的民族企业。此后，中国的公司社会责任之发展与我国的经济改革和对外开放政策相联系，从计划经济到社会主义市场经济的改革进程中，社会责任的负担也随之发生变化，直至将“公司社会责任”纳入《公司法》的立法条文之中，公司社会责任才真正在立法层面得到一定的确认。本节主要梳理我国公司社会责任的发展历程，以期更好地理解公司社会责任在我国的产生与特点。

公司社会责任意识或具体行为的产生首先有其道德伦理之因素。人是公司社会责任的具体承担者和践行者，所以，对公司社会责任活动和现象的考察，不能离开人和人性。一般认为，存在方式的社会性是人异于动物的内在特征，人类是在意识支配下，以一定方式结合成群体以进行共同活动。人的社会存在方式和人性的人类社会学意义，预示了人的社会规定性及其社会角色责任担当的必然性。因此，包括企业经营者在内的每个社会角色，不仅具有特定的职责，而且也会具有相应的社会道德期待和道德要求。[①]公司社会责任的产生实际上是社会对公司基本角色定位的反思，公司经营者也越来越意识到公司不仅仅是为了实现利益的最大化，其公共性维度亦显著增加，因而必须以更积极的姿态承担社会责任以满足社会及其他利益相关群体的期待。

除却对社会伦理和道德准则的遵循外，我国公司社会责任的产生与政治背景及商人的地位有着密切联系。在我国古代，一般认为财富来源的途径主要有二，即所谓耕读——耕是种田，农业生产，这是最主要也最正当的，其次是靠读书，读书本身是不挣钱的，但学而优则仕，读书人可通过科举获取功名，从而当官享受俸禄，其实也是靠农业生产提供的物质条件。但是，商业、手工业则被认为是“末业”，朝廷所采纳的“重农抑商”政策致使商人地位低下，素有的“士农工商”之说法也可证明一二。秦朝时，商人即使富得流油，也不可以穿丝绸衣物，唐朝时，商人不能入朝为官，直到明清时期，商人的地位才有所转变。而从商人的角度来看，由于其社会地位低下，加之古代的私有财产权并不受保护，因此，商人为求保有自身基业而不得已寻求官府譬如地方官的庇佑，以达到安身立命的目的。此外，甚至有些商人一旦赚了钱，便千方百计地改变自己的商人身份或让子女读书入仕以提高本家族的地位。虽然在封建统治的末期商人的地位有所提高，

① 王淑芹编:《中国经济伦理研究》第二集，载全球伦理网，第248—249页。

但对商人苛责的社会传统仍然存在，直至近代，这种歧视商人的思想依旧根深蒂固，以至于对我国的民族企业产生了深远影响。

公司社会责任理论产生于资本主义经济高度成熟的西方，但作为一种思想的社会责任意识在始开眉眼的近代中国已经逐渐形成。在我国近代史中，有一批身怀报国之志的民族企业家，在西方列强殖民掠夺的残酷现实下，以实业救国、工业救国、民生救国为理念，积极地承担起了振兴经济、保障民生、发展教育、建设城镇的社会责任，把企业的发展融合在了社会的进步和国家的危亡之中。近代中国民族企业的社会责任意识具体表现为以下几方面：

一、服务社会需求，振兴民族经济

在外国资本主义的入侵和“实业救国”思潮的推动下，一些民族资本家纷纷创办企业，首要目的并不在于追求利润，而是为了改造国产原料，提高生产技术，努力生产出品种多、产量高、质量好、价格廉的国货产品，满足社会消费的需求，同时增强民族经济整体实力。其中主要包括荣氏兄弟的纺织厂、面粉厂等企业；吴羹梅创立的中国第一家国产铅笔厂——中国标准国货铅笔厂；胡西园创办的中国第一家自办的电灯泡厂——中国亚浦耳电器厂；以及中国民族化学工业奠基人吴蕴初所创办的天厨味精厂、天原化工厂及其他“天字号”系列化工企业等。正如近代中国最大的民族资本工业企业集团创办人、被称誉为“面粉大王”“棉纱大王”的荣宗敬和荣德生兄弟所言，他们的办厂宗旨非常明确，就是“为国塞漏卮，为民添衣食”“致力生利之业，以达到振兴中华民族之目的”。[①]

二、维持职工生计，重视职工福利

近代中国的民族企业家把多办厂、多雇一些社会就业人口作为自己应承担的一种重要的社会责任；同时也逐渐意识到重视工厂企业的劳工事业和职工福利对于整个民族工业的发展和社会的繁荣安定至关重要，有较强人文人本意识。在维持职工生计方面，以荣氏兄弟为例，他们积极大办工厂，同时大量收买濒临绝境的旧厂，包括收买外商的旧厂；当企业处于困境时，他们也总是竭尽全力设法维持企业，不关闭其中任何一个企业。他们认为这是稳定社会、发展经济的积极途径。一则“人多手多，生产勃兴”，利于增强民族经济实力，维护民族工业的整体利益；二则可以吸纳大批社会劳动力，不致让工人群体大量失业成为社会问题，才能使成千上万的工人及其家属得以维持生活。除此之外，这些民族企业家也认识到重视职工权益、为职工谋福利对企业自身发展以及社会进步具有重要作用。例如，卢作孚在其民生企业公司中

① 参见黄汉民：《近代中国企业的社会责任》，载《上海经济研究》2007年第4期。

把重视员工的生活福利列为公司社会责任，规定企业："不仅为谋当前福利，并须为谋未来福利，不仅为谋个人福利，并须为谋家庭福利。有关福利之设施，如职工之卫生环境，补习教育运动及娱乐，生活医药及死亡保险，家庭住宅卫生，家庭娱乐及子女教育，皆所必需。"据研究，该企业为员工福利开支一度达到年纯收入的三分之一。①

三、重视职工培训，兴办学校教育

近代中国许多民族企业和企业家重视对职工进行培训教育，稍具规模的还兴办有职工学校甚至职工子弟学校，同时也兴办各类普通学校教育事业，不仅提高了职工素质、为企业持续发展培养了专业人才，同时也为社会培养专门人才、提高全民族的文化水准作出了贡献。就职工培训而言，企业家们认识到人才储备的缺失是阻碍民族企业发展的重要原因，因此要振兴工商业，必须培植一批优秀的后备人才。以创办大生纱厂的张謇为例，他创立了南通纺织专门学校，通海垦区的农学堂，在通州师范学校附设农科，独立的初高两所农业学校，以及商业学校、银行专修科、女子传习所、女子蚕业传习所、工商补习学校等中等实业学校和

① 参见黄汉民:《近代中国企业的社会责任》，载《上海经济研究》2007 年第 4 期。

实业训练机构，以期培育更多的实业人才。[①]另外，除了职工培训院校外，企业家也积极创办普通的教育学校，以提高国民的知识水平，为社会培养具有一技之长的人才。如张謇、荣氏兄弟等企业家除积极向学校及学术团体捐款之外，也出资开办了面向社会的专门和综合性学校，并资助有志青年到国外留学。

四、捐助社会公益慈善事业

除兴办学校，在学校中设立奖学金、教育基金会外，其时民族企业家还积极捐助其他社会公益慈善实业，比如，举办社会文化事业、科学普及与科学研究事业、医疗卫生事业、道路交通与市政建设事业、社会福利慈善事业等。企业的产生与发展离不开社会及其环境，因而很多民族企业家将慈善事业作为对社会支持企业的回馈，并认为是其应尽的社会责任。仍以张謇为例，其参与和举办公益事业的范围较为广泛，“慈善如育婴、如养老、如贫民工场、游民习艺、如残废、如济民、如栖流之事实披露，公益如水利所建各堤闸、涵洞、河渠、桥梁，如交通所辟县乡干支各道之建设”。[②]资助对象和投资项目如学校、医院、育婴堂等；地方公共事业如马路、公路、河道的修筑与开通，公园、剧场、

① 参见刘焕性：《清末状元的商道——民族实业家张謇创办近代企业记》，载《宏观经济管理》2011 年第 6 期。

② 转引自张謇研究中心：《张謇全集》，江苏古籍出版社 1994 年版，第 108—109 页。

俱乐部、交通运输业等。这种援款，或是由当地企业盈利中直接拨提，或作为企业生产成本的一部分支出。① 据陶水木对北洋政府时期上海慈善资金来源分析表明，在慈善捐款中，企业捐款达27.81%，企业家捐款达44.84%。②

我们不能否认民族企业家们在“救亡图存”“实业救国”思潮影响下对社会所作之贡献，也十分钦佩和赞赏这样的爱国救民之举动。但是，正如我在上文中提到的自古代承袭下来的对商人的歧视思想，这种不利的社会环境使商人不得不拉拢官员与其他社会力量作为自己的护身符，因此，近代企业承担一些必要的社会责任或许也有一定的政治考量下的强制性。正如上海汇丰银行经理陈介在1928年全国经济会议上所言，“北方各种企业太半成立于民国以前，彼时非有官僚在内，几不足以维持信用而成事，故商人之创办实业者，率以拉拢官僚为第一义，或赠以董事之名义，或送以若干之红股。此唱彼和，几于无不如此”。

实际上，除了政府官员外，所有对企业经营有影响的包括银行、铁路局、社会舆论在内的社会力量都成为企业拉拢的对象，被纳入其社会关系网中。一些社会学家们在研究中国企业的成功之路后认为，中国的企业凭借社会关系网络而不是企业层级结构达到了可与西方企业媲美的效率。例如，社会学家黄绍伦指出，

① 参见《中国企业史·近代卷》，企业管理出版社2004年版，第559—563页。

② 转引自陶水木：《北洋政府时期上海慈善资金来源初探》，载《档案与史学》2004年1期，第51页。

“华人中间的企业家们往往通过激活乡里关系网络之类的排外性联系，而不是建立庞大的、非个人的公司企业来支配市场”。[①] 先不管这样的结论是否有偏颇之嫌，但至少可以说明社会关系网对中国企业发展的重要性。特别是在近代，产权得不到法律的有力保护，在此种环境中生存的企业为了保护自身利益，不得不与政府、舆论界等保持千丝万缕的社会联系，以期让此种社会关系网成为企业存在及发展的一道屏障。因此，在此时期的企业负担社会责任的部分支出可以在一定程度上看作对社会的一种半强制性的关系投资，既能帮政府解决一些问题以换取庇佑，也可为企业创造良好的声誉及社会评价。

① 转引自高家龙著:《大公司与关系网——中国境内的西方、日本和华商大企业（1880—1937）》，上海社会科学院出版社 2002 年版，第 4—5 页。

第二节
与改革开放相联系的中国公司社会责任

中国的公司社会责任课题的产生和发展是与中国的改革开放政策相联系的。在经济改革方面，由社会主义的计划经济向社会主义市场经济发展，形成了国有企业、民营企业、外资企业以及股份制企业等多种所有制并存的经济格局。这些企业也是目前在中国履行公司社会责任的主体。在对外开放方面，通过逐渐参与经济全球化的进程，我国经济日益与世界经济潮流相交融，本国经济在实现巨大增长的同时，也产生了显而易见的不平衡现象，包括贫富差距加大、生态平衡问题日益严重、劳动者权利保障问题等，这也是公司社会责任在最近几十年得到日益关注的经济发展背景。①

一、计划经济时期

在我国高度集权的计划经济时代，国有企业是主要的生产经

① 殷格非、李伟阳、吴福顺：《中国企业社会责任发展的阶段分析》，载《WTO 经济导刊》2007 年第 1 期。

营者，被视为单纯执行国家计划和命令的工具，同时也是实现社会福利的场所。国有企业没有独立的企业利益，其代表了出资者的利益也即国家利益，出现了“企业办社会”的现象，企业被赋予经济功能以外的社会功能。作为计划经济的一部分，国有企业在20世纪50年代逐步形成了“单位制”，单位制的核心是单位保障制和固定终身就业制。因此，尽管当时国内尚未出现公司社会责任的概论与理论，但在现实生活中，企业事实上承担了极其繁重的社会负担或政策负担，国企需负责退休金及其他福利费用、为促进就业而造成企业内的冗员以及持续存在的价格扭曲等都是其中的表现形式。[①] 在现代企业制度改革前，我国国有企业已经建立起非常完善的内部福利制度和福利机构，涉及住房、医疗、教育、商业、体育娱乐、社会就业及安全防卫等诸多方面。[②] 很显然，在这种制度环境下，国有企业的管理者会受到更为强烈的、来自国家和社会的合法性压力。国家不仅需要国有企业创造经济效益，还需要国有企业彰显人民当家作主的政治权利，保障群众的社会经济利益；大众则把自身当家作主的政治权利投射到企业管理上，甚至把应该由国家来实践或保障的利益诉诸企业。而企业如果不能有效地解决或平衡这些问题，管理者就可能受到政府主管部门的处罚，甚至免职，因为管理者未能通过企业管理增进

① Justin Yifu Lin，GuoFu Tan：Policy Burdens，Accountability，and the Soft Budget Constraint，AEA PAPERS AND PROCEEDINGS MAY 1999.

② 参见2007年上海证券交易所公司社会责任报告。

国家治理的合法性。[1] 因此，可以说一些社会责任被强制性地交托于国有企业来负担，以符合当时的经济及政治背景。

二、改革开放时期

1978 年开始的中国经济体制改革重整了国家与企业之间的关系，即重新界定了国家与企业之间的权、责、利关系，企业从政府行政主管部门的附属物转变为自主经营、自负盈亏的法人实体和市场竞争主体，国有资产管理体制和运营机制都发生了深刻变化。在这一时期，股权重组、下岗分流成为常态，同时由于企业性质的转变，效率与逻辑逐渐成为支配企业经营的主导力量，之前国有企业所负担的社会责任被认为是不符合成本效益的，因而市场化进程和国企改制实际上实现了将原来天然附着于国企之上的社会责任负担的剥离。当然，一些原来由单位负担的福利性功能通过对养老、失业和医疗保险等实行社会统筹的办法被转交给了政府机构，但是国企负担剥离同样导致一些社会责任失去了保障而引发了新的社会问题。

以职工权利为例，根据对某厂职工代表大会变迁的考察得出，伴随着国企改制，漠视职工权利、侵害职工利益的现象层出，

① 蔡禾、李晚莲:《国有企业职工代表大会制度实践研究——一个案例厂的六十年变迁》，载《开放时代》2014 年第 5 期。

这主要是因为国企改制导致了能够给工人较高政治地位保障的“国家”在企业中撤退，职工不再被作为“企业主人”，而只是作为企业聘用的“劳动力”，其参与企业民主管理的政治保障减弱，加之改革时期国家法律制度的不健全与执行问题，工人事实上失去了能够与企业进行讨价还价的有效的组织保障，职工代表大会逐渐进入一个高度程式化、形式化的阶段。[①]可以说，虽然国企改制使国有企业成为拥有一定独立地位的需要参与市场竞争的主体，其上附着的社会责任不再具有强制性，但这种改革同样使一些社会问题失去了解决的力量与保障。

《公司法》第5条第1款明确规定：“公司从事经营活动，必须遵守法律、行政法规，遵守社会公德、商业道德，诚实守信，接受政府和社会公众的监督，承担社会责任。”将“承担社会责任”作为对公司的基本要求并通过立法加以确认有其相应的背景条件。进入21世纪以来，中国的经济迅速崛起，但企业过分追求经济效益的现象也导致了社会和环境方面的挑战，诸如缺水、污染、劳动条件和产品安全等，这些问题如果不能得到恰当解决，将会在未来几十年内削弱国家维持经济增长和发展的能力。[②]由于立法的不完善以及执法困难等因素，单靠政府并不能妥善解决

① 殷格非、李伟阳、吴福顺：《中国企业社会责任发展的阶段分析》，载《WTO经济导刊》2007年第1期。

② U.S. Chamber of Commerce：Corporate Responsibility and Sustainable Economic Development in China：Implications for Business，www.zadek.net.

前述社会问题，因此公司在此方面的作用逐渐受到关注。过去，我国在计划经济时代，企业不仅是生产经营者，也被视为实现社会福利的载体，因此，“企业办社会”的现象极其普遍，企业被赋予了过多的社会责任。随着我国市场化改革进程的推进，“企业办社会”的现象逐渐消失，但企业过于重视盈利目标又导致企业对其社会责任的漠视。

三、改革开放进深融入全球化的时代

当前，随着我国经济、社会的发展，全社会环境意识、食品卫生安全意识、生产安全意识等不断提高，有关公司社会责任的问题正逐渐成为公众、政府、企业及社会团体重点关注的话题，公司社会责任的理念被广泛采纳。[①] 此外，公司社会责任在国际上的推进也给我国企业造成了外部压力，为保持我国企业在全球供应链中的地位以及得到国外消费者的认可，重视公司社会责任势在必行。

实际上，企业落实社会责任，实现企业经济责任、社会责任和环境责任的动态平衡，反而会提升企业的国际、国内竞争力，为企业树立良好的声誉，提升公司的品牌形象，也增强了投资者

① 参见李扬等著：《企业社会责任蓝皮书：中国企业社会责任研究报告（2017）》，社会科学文献出版社 2017 年版，第 2 页。

信心且更容易地吸引到企业所需要的优秀人才。因此，在国内科学发展观的统筹和经济发展的现实需要下，加之公司社会责任全球化浪潮的影响，我国也开始通过立法形式突出公司的利益相关者与社会责任。

第三节
国际环境对中国公司社会责任产生的影响

公司社会责任思想起源于美国，经过数十年发展后，逐步影响到了全球主要经济体，得到了政府、政府间组织和各种非政府组织的广泛关注，也开始为企业自身所重视。公司社会责任的发展离不开相应的国际环境，即保护人权、劳工权益和环境等内容逐渐被纳入到相关国际条约之中，成为一种全球性的运动。此外，由于经济全球化的影响和跨国公司的崛起，在对国内企业产生压力的同时也更好地推动了公司社会责任在我国的发展。本节主要归纳总结了较为重要的相关国际条约以说明社会及环境问题在国际上的受重视程度，并分析了在全球化市场和供应链合作机制下我国推动公司社会责任的必要性。

中国在公司社会责任的发展方面似乎是一个尴尬的案例。中国的血汗工厂和环境污染问题在国际上备受注目。中国制造的产品是价格低廉而质量低下的，并且其产品生产过程忽视了责任因素。因此，具有讽刺意味的是，中国企业不负责任的普遍印象可能是中国公司社会责任发展的主要压力与动力。在中国经济发展的初期，盈利以及促进经济增长成为首要且排他的目标，但随着世界范围内的社会及环境意识的提高，中国公司的做法得到了严厉的审视，也对国内社会的稳定造成了一定影响。因此，除了跨国公司的推动外，公司社会责任在中国已得到政府、学术界、媒体、行业协会和中国公司等的认可。在中国政府政策性文件和法律中明确承认了公司社会责任的重要性，中国企业也正在逐渐熟悉公司社会责任的概念并开展相关计划。此外，许多中国公司社会责任的倡议者意图发展具有“中国特色”的公司社会责任，私人举措如开发 CSC9000T 标准来区别于西方的公司社会责任标准，以更适合中国企业的需求则是表现方式之一。而中国政府则在指导中国公司社会责任的发展方面扮演着重要角色，国家主导的中国公司社会责任举措所蕴含的特征包括了人权问题被排除在中国公司社会责任的范围之外。而相比于人权、劳工权利等话题，应该说环境问题在中国的发展更加容易且更易被容忍和接受。根据发达国家的经验，公司社会责任的发展是一个漫长的过程而不是一夜之间的变化，中国也不是一个例外。现代公司社会责任在 20 世纪 90 年代后期引入中国，在发展的早期阶段中，公司社会责任的承诺话语与实际措施施行之间的差距是可以理解的，至少中国正在迈出实质性的第一步。[①]

① LW Lin：Corporate Social Responsibility in China：Window Dressing or Structural Change?，*Berkeley Journal of International Law*（2010）.

近20年来，世界经济体制发生了重大变化，越来越多的国家开始接受国际贸易共同的游戏规则，实行金融自由化和贸易自由化政策；再加上科学技术的飞速发展，特别是交通、通信技术的突飞猛进，都使经济全球化的进程大大加快。从本质上来看，经济全球化的主要内容就是国际经济贸易的规模不断扩大，这也意味着各国经济的相互依赖性增强。随着经济全球化的进程，企业供应链也开始延伸，一家公司尤其是大型的上市公司的经营行为将影响到无数的上下游企业。为企业提供原材料、零部件、产品、服务的厂家、供应商和零售商形成了一个网络，它们的效率和效益与公司的发展密切相关。所以，这些公司不能仅仅关注自身的行为，关心协助供应链上各个环节的发展成为一家公司负责任的表现，同时，供应链整体效率和效益的提升也增强了企业的竞争力。

跨国公司在经济全球化中扮演着重要角色，但跨国公司的发展在推动经济增长的同时也产生了一些社会问题，例如，跨国公司在全球范围内形成了对劳动者的压制和剥削。针对跨国公司追求经济效益而忽视了商业伦理和社会责任的现象，西方国家在20世纪后期掀起了社会责任运动，并开始研究跨国公司新的使命。当跨国公司的社会责任理论发展起来后，其在跨国贸易往来中逐渐对其在他国的分公司以及处于供应链中的他国企业产生了影响，从而推动社会责任的进一步发展。举例来说，中国的劳工问题一直受到国际社会关注，从“血汗工厂”被曝光后，一些劳工组织和跨国公司共同制定了“工厂守则”，要求中国的出口加工企业遵守。此外，包括麦当劳、沃尔玛在内的跨国公司随之相继开始了旨在对其公司的中国供应商和分包商实施以劳工标准检查为内容的社会责任运动。中国沿海地区数千家作为跨国公司供应商的企业，自20世纪末就已接受过跨国公司的社会责任检查，一些大型买家还定期对工厂进行评估，以确保中国供应商不断改进。[①]最初，中国政府及供应商对加强社会和环境标准的抗拒态度强硬，特别是在劳工保护措施上。这主要是由于保护主义、商业化、缺乏本地化和议价能力的不平衡四个因素。具体来说，因为社会和环境标准的提高会增加生产成本，中国等发展中国家往往认为该标准是为了削减发展中国家的贸易竞争力而提出的。此外，高认证成本和不称职的认证机构使中国制造商认为这样的标准其实是一个勒索计划，因为他们需要贿赂认证机构以获得证书。此外，中国制造商也声称这些标准不符合中国的经济现实，大部分本土公司仍处于初期发展阶段，因此缺乏投入劳动和环境的资源保护。而且，由于中国厂商议价能力弱，并不能让全球买家分担该标准的实施成本，所以他们并没有诚实执行该标准的内在动力。[②]不过，由于中国面临的全球供应链中的经济压力，迎合世界市场最终战胜了本地保护主义。因此，可以说现代中国公司社

① 王传丽、董刚：《试论跨国公司的社会责任》，载《中国法学前沿》2007年第3期。

② LW Lin：Corporate Social Responsibility in China：Window Dressing or Structural Change?，*Berkeley Journal of International Law*（2010）.

会责任的最初的推动者之一即为跨国公司。在中国实现改革开放政策并加入WTO后，中国便成为经济全球化的参与者，其加工制造业成为全球供应链体系中的重要一员。正因当时中国企业的制造供应地位，其在一定程度上受制于跨国公司及其他国际买主，因而在国际上影响渐大的公司社会责任才能或多或少的在中国企业特别是沿海制造企业中被推行，从而回应来自国际社会的压力。

跨国公司在最初对中国公司社会责任的推动作用是值得肯定的，但是，跨国公司的“双标”问题也须加以注意。具体来说，跨国公司在发达国家一直致力于树立并宣扬良好的公民形象，但根据社科院公布的公司社会责任蓝皮书来看，其在中国的社会责任指数低于国企和民企并呈现出逐渐下降的趋势，说明跨国公司在我国的社会责任执行情况并不乐观甚至可以说产生了异化，其主要原因在于：第一，从跨国公司自身来看，追求经济利益的最大化仍是其最终目标，因而不可避免地存在履行社会责任的动机先天不足的问题。尤其是一般跨国公司采取股权较为分散的决策结构，这直接导致了将股票价格及公司的市场价值作为决策的最终目的，只要放松对有关公司社会责任方面约束的收益高于成本，则公司更易忽略自我管制。第二，从我国的社会环境因素来看，我国的经济体制、法律体制等方面的建设不完善，且监管能力较弱，这就给跨国公司提供了一个灰色地带。另外，对在华跨国公司的过度优惠政策以及公众对国际品牌的盲目推崇也助长了在华跨国公司对社会责任的忽视。此外，根据理论及实践分析可知，当跨国公司的母国与东道国的发展程度相近时，即在经济、法律甚至风土人情方面具有相似性时，则更容易形成一套统一的较高的社会责任标准，不会产生过多的矛盾分歧；而当母国与东道国发展程度相差较大，如发达国家与发展中国家的差异，则制定统一的高标准的社会责任指引是非常困难的，而执行多重标准则会造成混乱，不利于协调多重利益且会增加成本，因而致使跨国公司产生懈怠与逃避的现象。[①]因此，在看到跨国公司对我国公司社会责任发展的积极作用的同时，也应反思跨国公司社会责任在中国的弱化并探究相应的解决之道。

① 韩红:《浅谈跨国公司社会责任问题》，载《商》2016年第5期。

第四节　中国的公司社会责任法律化

自改革开放以来，中国的经济呈现迅猛增长之势，但高速的经济增长同时伴随着包括环境污染、劳工、产品安全等在内的一系列问题。虽然政府意识到解决前述问题的必要性，并提出了可持续性发展和科学发展观的相关要求，但是基于法律的不完善以及缺乏良好的执行力等因素，使治理成效甚微。此外，中国公司为巩固其在国际供应链中的地位并更好地打入海外市场，也需要重视上述环境和社会问题以提高自身的国际竞争力。因此，公司在解决经济发展的负外部性影响中的作用越来越受到关注，公司的作用也从纯粹为股东获取利润的经济核心责任演变为涉及更广泛的社会问题，例如，对自然资源的利用以及其业务对环境、贫困和健康等方面的影响。①

当坚持经济的可持续发展，维护员工和消费者合法权利等一系列问题持续成为 21 世纪各界关注的焦点时，公司社会责任不

① May TAN-MULLINS and Peter S. HOFMAN：The Shaping of Chinese Corporate Social Responsibility，*Journal of Current Chinese Affairs* 4/2014，pp.3–18.

得不被提升到一个全民重视的台阶。公司社会责任和利益相关者理念诞生于20世纪初的美国，自20世纪70年代以来，越来越多的国家、国际组织、社会组织甚至企业，为推动公司社会责任的实现进行了一系列的尝试和实践。[①]公司社会责任（Corporate Social Responsibility，CSR）这一概念已经广为接受，但概念之下的内涵远非共识，迄今依然颇受争议。正如泛美开发银行持续发展部原经理Antonio Vives指出的，即便是"'社会性的'和'责任'这两个词也都总是被人曲解，比如，有些人认为'社会性的'是指诸如健康、教育、安全之类的社会问题，而这些问题一般是属于政府责任范围内的。其他人则更为恰当地将其定义为企业活动范围内的生态（planet）和环境。对于'责任'一词，一些人认为其指企业行为（actions）的责任（accountability），其他人则认为是对社会的职责（duty），还有些人认为是良好的判断（即金科玉律中常说的'己所不欲，勿施于人'）"。[②]至于对"公司社会责任"一词的解释，在官方的、民间的、国际组织的以及学术性的各种定义中的分歧更是随处可见。尽管如此，对"公司社会责任"的含义还是在某些方面取得了共识，即公司社会责任是对以追求利润最大化为唯一目的的公司传统经营理念的修正，其本质是要求公司在追求自身利润最大化的同时应当考虑公司利益相关

① 蒋建湘：《企业社会责任的法律化》，载《中国法学》2010年第5期。

② Antonio Vives，Corporate Social Responsibility：The Role of Law and Markets and The Case of Developing Countries，*Chicago-Kent Law Review*，2008，pp.201-202.

者的利益并维护和增进其他社会利益，也就是说，公司董事会必须成为真正的受托人，他们不仅要谋求企业的成长与股东利益最大化，而且要代表其他利益主体，如员工、消费者，特别是社会整体利益。①

在我国，和谐社会已成为社会建设的新理念，片面强调经济增长率的发展模式正逐渐为兼顾环境和社会均衡发展的、可持续增长的模式所替代。在这一背景下，公司社会责任逐渐兴起，其中一个表现方面为公司社会责任信息的披露，具体体现在公司社会责任报告中。2006年，深圳证券交易所对外发布《深圳证券交易所上市公司社会责任指引》，倡导上市公司积极承担社会责任。随后，深圳证券交易所还鼓励上市公司按全球报告倡议组织（GRI）《可持续发展报告指南》的国际标准编制并披露社会责任报告，将社会责任报告与年报同时对外披露，并鼓励中介机构开展上市公司社会责任评价工作、编制上市公司社会责任指数等。②2008年，国有资产管理委员会下发的《关于中央企业履行社会责任的指导意见》中指出建立社会责任报告制度并引起热烈反响，20家中央企业于当年发布了社会责任报告。2009年5月，上海证券交易所发布了《关于加强上市公司社会责任承担工作的通知》，提出公司可以在年度社会责任报告中披露每股社会贡献

① 傅穹：《公司社会责任的法律迷思与规制路径》，载《社会科学战线》2010年第1期。
② 参见2007年上海证券交易所公司社会责任报告。

值。上述文件虽不具有强制性，但皆对公司披露社会责任信息具有指导意义，也符合国际趋势的要求。当然，我国公司社会责任报告从内容和质量等方面上看无不体现着自身特点。由于公司社会责任报告披露的自愿性以及标准的不统一，导致社会责任报告的质量参差不齐，虽然引入了 GRI Guidelines、ISO26000 等国际标准，但对该标准的理解及结合公司营业特点加以应用的能力各异，因而可能导致报告内容空洞而流于表面。

总的来说，虽然基于国内外的压力以及公司自身需求，公司社会责任在我国越来越受到重视，并为政府、公司管理者、媒体、消费者等群体所推动，但其发展水平仍然处于初级阶段。中国社科院 2017 年发布的《企业社会责任蓝皮书（2017）》中指出，在 2017 年，中国企业 300 强社会责任发展指数为 37.4 分，同比提高 2.4 分，整体处于起步者阶段，相对于 2009 年发展指数为 15.2 分的旁观者阶段来看，已经有所进步。但是，在 300 家企业中，仅有 43 家企业（占 14.3%）的社会责任指数达五星级水平，处于卓越者阶段；有 44 家企业（占 14.7%）社会责任指数达到四星级水平，处于领先者阶段；有 39 家企业（占 13.0%）社会责任指数达到三星级，处于追赶者阶段；社会责任指数为二星级水平、处于起步者阶段的企业有 44 家（占 14.7%）；社会责任指数为一星级水平、处于旁观者阶段的企业数量最多，有 130 家（占 43.3%），其中有 10 家企业（占 3.3%）的社会责任发展指数得分为 0，未主动披露任何社会责任相关信息。这说明，虽然总体看来我国企业

300 强呈现出社会责任不断发展、优秀企业不断增多的态势，但两级分化较大，处于旁观者阶段的企业占比接近一半，表明我国公司社会责任的发展依然任重而道远。①

我国政府积极推动了公司社会责任在中国的法律化。一般的认识是，公司社会责任的法律化包括 2006 年颁布的《公司法》第 5 条要求公司在经营过程中“承担社会责任”。证券监督管理机构所鼓励的同时得到众多国有企业响应的公司社会责任报告制度，也是公司社会责任法律化的表现。此外，中国纺织工业协会社会责任建设推广委员会 2005 年发布中国纺织企业社会责任管理体系 CSC9000T 等指导性文件，同样也属于广义上的公司社会责任法律化。

但我们认为，公司社会责任的法律化应从更广的背景下理解。公司社会责任最初由伦理责任发展而来，起初仅仅是一种美好祈愿式的道德责任，即由企业自愿承担。但是，随着公司社会责任理论的深入发展，加之全球化和跨国交易的深入，社会越来越重视公司负责任的商业实践，也对公司经营管理提出了更高的要求。此外，国际社会亦积极参与其中并为公司社会责任提供了相关指导，并通过了在世界范围内认证的标准、指南、框架与准则。正是由于前述种种原因的推动与加持，公司社会责任法律化的趋势

① 参见李扬等著：《企业社会责任蓝皮书：中国企业社会责任研究报告（2017）》，社会科学文献出版社 2017 年版，第 2—22 页。

逐渐兴起，在中国也不例外。

公司社会责任法律化广义上包括上述道德义务通过法律成为企业的法律责任。强制性是公司社会责任法律化的特点，即以国家强制力为坚强后盾，要求相关企业根据法律的有关规定，积极参与到社会活动中来，承担有关社会责任。[①]这包括劳工保护、消费者保护、环境保护等一系列的社会立法。

一、劳工保护

《公司法》第 17 条规定，公司必须“依法与职工签订劳动合同，参加社会保险”以及第 18 条中“公司研究决定改制以及经营方面的重大问题、制定重要的规章制度时，应当听取公司工会的意见，并通过职工代表大会或者其他形式听取职工的意见和建议”等规定，从职工的切身利益出发确认了职工享有的基本权利。此外，有关公司董事会以及监事会中职工代表参加的规定，则是从职工参与企业民主管理甚至决策等方面保护职工利益。

《劳动法》分则的章节包括就业择业、劳动合同和集体合同中的涉及劳工权益的具体问题、工作时间和休息休假的相关规定、工资、劳动安全卫生、女职工和未成年工特殊保护、职业培训、社会保险和福利等，并单章规定了用人单位若违反强制性条款所

① 司丙祯:《企业社会责任的法律化探讨》，载《世纪桥》2017 年第 10 期。

应承担的法律责任。《劳动法》的规定给劳工权益的维护撑起了一个保护伞。

《妇女权益保障法》在第四章单章规定了劳动和社会保障权益的内容，即保护妇女职工的劳动权益。歧视女性是根深蒂固的观念在作祟，尽管人类社会自晚近以来出现了人权运动、女权运动等，倡导男女平等，但在现实中对女性的歧视行为还是不能杜绝，特别是在工作就业当中。因此，《妇女权益保障法》中强调在就业中的男女平等，以及应根据妇女的特点作出倾斜性的保护，如不得安排不适合妇女从事的工作和劳动。

二、消费者权益保护立法

随着消费者维权意识增强以及消费对国民经济发展的拉动作用加大，更多公司开始认识到，离开了消费者的信任和支持，公司是不可能发展壮大的。更为重要的是，消费者权益保护越来越制度化，这体现在多部法律中。

《消费者权益保护法》着重申明了立法目的是保护消费者的合法权益，其考虑到消费者在市场交易中天然的弱势地位，通过赋权的方式来保护消费者，以平衡消费者与经营者之间的利益关系。该法中专章规定并列举了包括知情权、自主选择权等消费者权利，强调了经营者之义务，鼓励、动员全社会为保护消费者合法权益共同承担责任，对损害消费者权益的不法行为进行全方位监督。

《反不正当竞争法》保护消费者知悉真情权、公平交易权、自主选择权等合法权益。《反不正当竞争法》从诞生之初就是以保护诚信经营者为目标，立法者也将消费者群体的利益诉求考虑在内，使《反不正当竞争法》呈现出保护法益多元化的趋势。《反不正当竞争法》所保护的消费者利益被认为是一种“反射利益”，即虽然《反不正当竞争法》可以产生保护消费者利益的效果，但仅是“附带效果”，是一种间接保护。

三、环境保护立法

有关环境保护的最关键性的立法即为《环境保护法》，其旨在保护和改善环境，防治污染和其他公害，保障公众健康，推进生态文明建设，促进经济社会可持续发展。其中一些可能直接涉及公司参与的包括第 6 条中的“企业事业单位和其他生产经营者应当防止、减少环境污染和生态破坏，对所造成的损害依法承担责任”；第 22 条鼓励和支持减排企业；以及第 55 条有关企业环境信息公开的规定，即“重点排污单位应当如实向社会公开其主要污染物的名称、排放方式、排放浓度和总量、超标排放情况，以及防治污染设施的建设和运行情况，接受社会监督”。这些条款等都对企业在生产经营中贯彻绿色理念和可持续发展原则有重要指引作用。除《环境保护法》外，环境立法呈现出分类细化的特点，这主要包括了《海洋环境保护法》《清洁生产促进法》《大气污染防治法》《循环经济促进法》等立法，较为全面地对环境保护的各个方面设定了规则或指导。这些关于环境保护的立法也都是公司需要严格遵守的，直接影响到公司的经营决策以及对外活动。

第四章

公司社会责任与人权：以残障人士劳动就业权为例

伴随着联合国《残疾人权利公约》这个21世纪第一份人权公约的诞生和在我国践行近10年之际，将残障权利实践与公司社会责任相结合是时代的需求。党的十九大报告指出，“我国社会主要矛盾已经转化为人民日益增长的美好生活需要和不平衡不充分的发展之间的矛盾”。在残障权利保护领域，表现在我国残障事业的发展水平和社会整体发展水平之间的巨大差距。这为残障权利保护的相关研究与实践提出了迫切的要求。

第一节　我国与公司社会责任相关的人权义务

一、人权的一般性规定

在人权领域，大部分国际公约属于一般规定。此类国际公约文件作为统领性的宣言，虽一般未具体针对公司主体提出要求，但充分体现了国际社会对相关主题的重视以及各国政府的态度。这些文件有：《世界人权宣言》《公民权利和政治权利国际公约》《经济、社会、文化权利国际公约》。

上述公约为国际人权法领域的核心公约，但并未针对商业主体义务作出特别规定。不过，在涉及公司侵犯人权的案件中，仍涉及对上述公约所规定的权利的引用，包括结社自由、同工同酬权、不受歧视权、公正和合适报酬权、安全工作环境权、休息和娱乐权、工作权、家庭生活权等劳工权利；以及生命、人身自由和安全权、和平集会权、婚姻和组织家庭权、身心健康权、受教育权、隐私权等非劳工权利。

除了上述国际人权法领域的核心公约，与环境相关的一系列公约也属于对商业公司有一般性约束内容的文件。以 1992 年巴西里约热内卢联合国人类环境与发展大会为标志，首次提出了可持续发展是全球经济、社会的基本发展战略和行动指南，会议通过了《里约环境与发展宣言》和《21 世纪议程》等文件及公约，环境保护开始扩展到能源节约型的生产、生活方式，替代能源和可再生能源的开发利用等领域。2005 年 2 月正式生效的《京都议定书》更是人类历史上第一次以法规的形式限制温室气体排放，意味着国际社会在推动环保、改善人类生存条件方面的合作又有了更进一步的实质性推进。2015 年 12 月 12 日在巴黎气候变化大会上通过、各国领导人于 2016 年 4 月 22 日在纽约签署了《巴黎气候变化协定》，该协定为 2020 年后全球应对气候变化行动作出安排。

二、人权领域与公司相关的特定人权公约

还有一部分国际公约属于特殊规定：政府主要以签署“软法”的形式表明对公司承担责任的态度。产生重要影响的软法性文件主要包括：

（一）国际劳工组织的相关宣言和公约

1919 年，国际劳工组织根据《凡尔赛和约》，作为国际联盟的附属机构成立。此后，其便一直负责制定劳工标准以实现改善

劳动条件、促进充分就业和提高生活水平的目标。1998 年制定的《关于工作中的基本原则和权利宣言》被多个倡议所援引；于 2000 年修订的《关于多国企业和社会政策的三方原则宣言》是社会三方正规执行程序的重要规范声明。

（二）经济合作与发展组织的相关文件

1976 年，经济合作与发展组织（OECD）制定了《跨国公司行为准则》，提出了要加强对利益相关者和股东权利的保护，提高公司透明度。这是首份由政府签署并承诺执行的涉及公司社会责任的行为准则。此外，2004 年经济合作与发展组织修订了其《公司治理准则》，大大扩展了“利益相关者”的定义范围，明确提出应该制定促进员工参与公司治理的激励机制，推进利益相关者利益等公司社会责任要求。

（三）《联合国全球契约》

1999 年 1 月 31 日，联合国秘书长安南在世界经济论坛的发言中首次提出“全球契约”的概念。2000 年 7 月 26 日，联合国总部正式发起实施“全球契约”活动。全球契约的基础是各国签署的联合国一系列重要的宣言或原则，包括《世界人权宣言》《国际劳工组织关于工作的基本原则和权力宣言》《关于环境与发展的里约宣言》以及《联合国反贪污公约》等。全球契约希望各个公司接受并实施在这些宣言或原则中体现的人权、劳工标准、环境保护和反贪污方面的价值理念和原则。全球契约使各企业与联合国机构、国际劳工组织、非政府组织以及其他有关各方结成合作伙伴关系，建立一个更加广泛和平等的世界市场，也成为公司（特别是跨国公司）强化公司责任的一个里程碑。

（四）《保护所有移徙工人及其家庭成员权利国际公约》

《保护所有移徙工人及其家庭成员权利国际公约》（以下简称《移徙工人公约》）是最新的人权条约，处理的是需要保护的一个特定群体的权利问题：所有移徙工人及其家庭成员。《移徙工人公约》适用于整个移徙的过程，包括移徙的准备、出发、过境以及整个逗留期间和在雇佣国家的有报酬的活动以及回到原籍国或习惯居住国。多数权利是与接受国相关的，虽然也有些义务是具体规定为遣送国的。《移徙工人公约》根据移徙工人的特殊情况界定了经济、社会、文化权利。例如，必须像给本国国民一样地提供紧急医疗护理，以及移民工人的子女，无论其法律地位如何，都应有权获得教育。①

三、中国加入的一般性和特定领域人权公约

在一般性条约方面，我国签署并批准了《经济、社会、文化

① 参见联合国相关网站内容，见 http://www.un.org/chinese/hr/issue/hrmwc.htm。

权利国际公约》、签署了（尚未批准）《公民政治权利文化公约》、于 1998 年 5 月签署并于 2002 年 8 月核准了《京都议定书》以及于 2016 年 9 月 3 日批准加入了《巴黎气候变化协定》，成为第 23 个完成批准协定的缔约方。此外，其他具有软法性质的条约普遍仅具有指导性质，并未对我国产生强制约束力。

基于国内自身需求以及国际环境的推动，我国也在积极推进上述文件的落实。以“全球契约”为例，经联合国全球契约组织正式授权，在中国企业联合会和中国石化集团牵头下，我国成立了全球契约中国网络。全球契约中国网络的主要任务是致力于动员更多中国企业加入联合国全球契约，推动企业遵守并实施在人权、劳工标准、环境及反贪污方面的十项基本原则，加强中国企业和国际社会的交流与合作，不断提升中国企业国际地位和形象，促进中国企业在经济全球化背景下的可持续发展。这样一来，也便于促成我国公司与国际接轨，积极承担社会责任，通过企业集体行动的模式有效地推进环境、劳工等问题的妥善解决。

四、我国在上述国际公约下的义务

中国加入的人权公约和条约，自然对中国政府产生约束。这些人权公约和条约的规定本身就是对中国政府的约束，这是国际法的题中之义。后文探讨作为人权的残障权利对公司承担社会责任的指导性功效，就是基于中国加入的人权公约和条约对中国政府产生约束，特别是联合国《残疾人权利公约》的直接规定。

除了上述中国政府在人权公约和条约下的义务，我们还需要考虑中国公司的活动导致中国在国际人权法诉讼中承担国家责任有哪些可能的种类。第一，如果中国公司有行使政府权力要素的行为，则按照《国家对国际不法行为的责任条款草案》第5条规定，经该国法律授权而行使政府权力要素的个人或实体，其行为应视为国际法所指的国家行为。例如，一些国家的私人安保公司可能与政府签订合同作为监狱看守行使处罚等公权力（其他相关条文《国家对国际不法行为的责任条款草案》第7条、第9条）。第二，如果商业主体受到国家指挥或控制的行为，那么按照《国家对国际不法行为的责任条款草案》第8条规定，如果一人或一群人实际上是在按照国家的指示或在其指挥或控制下行事，其行为应视为国际法所指的一国的行为，例如，公司受国家指令到海外执行特殊任务。

中国政府同时承担对其领土或管辖内的人口提供保护，使其不受非国家行为者包括工商业侵犯人权之害。例如，上文提到的欧洲人权法院的 López Ostra v. Spain，Taşkin and Others v. Turkey，Fadeyeva v. the Russian Federation or Tatar v. Romania 等案例。联合国人权理事会也出版了相关的研究成果。[①]

---

① 参见联合国《人权与跨国公司和其他工商企业问题秘书长特别代表的报告》，https://documents-dds-ny.un.org/doc/UNDOC/GEN/G07/108/51/PDF/G0710851.pdf?OpenElement。

第二节　作为人权的残障权利

联合国自成立伊始，就十分关注残疾人事业，最初致力于促进残障的预防和康复，积极改善他们的生活。20 世纪 70 年代，残疾人的人权问题在世界范围内得到广泛的关注和认同，联合国于 1971 年通过了《智力迟钝者权利宣言》，于 1975 年通过了《残疾人权利宣言》，于 1982 年通过了《关于残疾人的世界行动纲领》，于 1993 年通过了《残疾人机会均等标准规则》。《智力迟钝者权利宣言》明确了“智力迟钝的人所享有的权利，在最大可能范围内，与其他的人相同”，并强调了智力残疾人的特殊权利及其保护，《残疾人权利宣言》明确了“残疾人”的定义以及残疾人享有的各项权利，《关于残疾人的世界行动纲领》将残疾人社会政策分为预防、康复和机会均等三个领域，并提出残疾人具有与全体公民同等的机会，应平等分享因社会和经济发展而改善的生活条件，《残疾人机会均等标准规则》提出了 22 条涉及残疾人问题的规则，覆盖了残疾人生活的方方面面。[①] 上述文本虽在一定程

① http://www.chinadp.net.cn/datasearch_/journal/zc/2011-04/06-7509.html.

度上为各国立法提供了参照标准，但并不像公约那样具有法律约束力，也没有被充分运用来保护残疾人的基本权利，因此进入 21 世纪以后，越来越多的国家和国际残疾人组织呼吁制定残疾人权利公约。经过 3 年多的谈判，第 62 届联合国大会于 2006 年 12 月 13 日一致通过了《残疾人权利公约》（以下简称《公约》），这是国际社会在 21 世纪通过的第一个人权公约，在此之前世界上还没有专门保障残疾人权益的国际公约。[①]《公约》致力于消除基于残疾的歧视，要求各国加快推进无障碍设施的建设，并为残疾人提供合理便利，促使残疾人全面、平等地融入社会。

《公约》的宗旨是促进、保护和确保所有残疾人充分和平等地享有一切人权和基本自由，并促进对残疾人固有尊严的尊重。《公约》明确了残疾是一个演变中的概念，残疾是伤残者和阻碍他们在与其他人平等的基础上充分和切实地参与社会的各种态度和环境障碍相互作用所产生的结果。《公约》第 4 条要求缔约国承诺采取一切适当的立法、行政和其他措施实施公约确认的权利，修订或废止构成歧视残疾人的现行法律、法规、习惯和做法。《公约》还具体规定了残疾人享有的生命权、在法律面前获得平等承认、获得司法保护、自由和人身安全等权利。

《公约》在具体规定残疾人享有的各项权利外，更重要的贡献是明确了残障的社会模式。与社会模式相对的是个人模式，也

① https://news.un.org/zh/story/2006/12/66932.

称医疗模式。残障的个人模式，强调残障是个人的悲剧，将之视为个人缺陷和非正常状态，认为残障本身是造成个人糟糕处境的主要原因。因而社会将解决残障相关问题的策略聚焦在医学手段上。这个模式要求残障人士作为客体被动适应环境，侧重于以对残障人士进行修正和补偿为目的的绝对的医学干预和控制，目的是使之“正常化”，从而获得进入“主流”的资格，否则就做照顾性质的特殊、隔离式的安置，将他们排除在系统之外。在以这种模式为主导的环境中，残障人士作为一个群体普遍遭受社会结构性歧视。而残障的社会模式并不否认残障者的功能局限和不同特点，但反对把残障人士作为群体的处境归咎于个体的功能局限，而是主张残障是功能局限和社会环境相互作用的综合结果。残障人士身体的损伤并不是必须被治愈或修复的不正常的状态，而仅仅是他们身体的特殊特点而已，真正造成他们与社会的脱节和隔膜的是社会观念和社会环境。

基于这样的理念，《公约》第27条规定了残障人士工作和就业的权利，该条首先明确残疾人在与其他人平等的基础上享有工作权，包括有机会在开放、具有包容性和对残疾人不构成障碍的劳动力市场和工作环境中，为谋生自由选择或接受工作的权利，并提出了一系列缔约国应当采取的步骤来实现残障人士的工作权，具体包括：(1) 在一切形式就业的一切事项上，包括在征聘、雇用和就业条件、继续就业、职业提升以及安全和健康的工作条件方面，禁止基于残疾的歧视；(2) 保护残疾人在与其他人平等的基础上享有公平和良好的工作条件，包括机会均等和同值工作同等报酬的权利，享有安全和健康的工作环境，包括不受搔扰的权利，并享有申诉的权利；(3) 确保残疾人能够在与其他人平等的基础上行使工会权；(4) 使残疾人能够切实参加一般技术和职业指导方案，获得职业介绍服务、职业培训和进修培训；(5) 在劳动力市场上促进残疾人的就业机会和职业提升机会，协助残疾人寻找、获得、保持和恢复工作；(6) 促进自营就业、创业经营、创建合作社和个体开业的机会；(7) 在公共部门雇用残疾人；(8) 以适当的政策和措施，其中可以包括平权行动方案、奖励和其他措施，促进私营部门雇用残疾人；(9) 确保在工作场所为残疾人提供合理便利；(10) 促进残疾人在开放劳动力市场上获得工作经验；(11) 促进残疾人的职业和专业康复服务、保留工作和恢复工作方案。该条第 2 款规定，缔约国应当确保残疾人不被奴役或驱役，并在与其他人平等的基础上受到保护，不被强迫或强制劳动。

我国于 2007 年 3 月 30 日《公约》正式开放签署当日，便签署了该公约，2008 年 6 月 26 日，十一届全国人大常委会第三次会议批准了《公约》，并于同年 8 月 31 日对我国正式生效。该《公约》的签署意味着中国的残疾人权利保障事业要接受国际社会的监督，同时中国也能够吸收国际社会关于这一领域的先进理念和经验，促进国内残疾人事业的发展。依照我国宪法和相关民事、民事诉讼、刑事诉讼相关法规和我国立法中所坚持的实践，中国一贯采纳条约优先原则。《公约》的采纳进一步确认了残障人士的就业不再是政府保障其生存的一种形式，而成为残障人士的一项基本权利。依《公约》第27条指导，中国有义务从以下四个方面保障残障人士就业权：(1）反歧视；(2）无障碍设施；(3）工作场所的合理便利；(4）提高残障人士就业的积极措施。目前，中国认真遵守《公约》内容，已修改和出台了许多法律法规及条例、部门规章。

第三节　残障权利语境下的公司社会责任

在加入《公约》之前，公司通过各种方式雇佣残障人士属于自愿的、道德上的义务。随着中国加入《公约》，我国在满足上述反歧视、无障碍设施、工作场所的合理便利和提高残障人士就业的积极措施时，通过实际的立法为公司社会责任确立了具体内容。以下本文就以作为一项人权的残障人士就业权为例考察公司社会责任的具体内容。

一、残障人士劳动就业权的内容

我国在不断更新对残障权利的认识过程中，正在逐渐从“个人模式”向“社会模式”进行过渡。认同残障的社会模式，意味着社会应当承担消除障碍，改变落后观念，维护残障人士权利的义务和责任。社会模式认为残障人士的就业挑战主要来自社会的障碍，因此必须完善劳动就业政策、建设无障碍环境、消除观念歧视、为残障人士提供合理必要的支持等。将残障人士的就业问题视为社会障碍而非个人问题，并从移除障碍出发寻找解决方案，我们就不会把残障人士就业限制在让他们被动地接受家长式的就业安置，也不会满足于为残障人士提供社会保障。就业被还原为一项权利，残障人士可以参与到经济和社会生活之中，通过劳动参与实现其个人自主自立和融入社会，并要求有足够的支持来促使他们实现个人自主。依照《公约》第27条指导，从以下三个方面进行梳理。

（一）禁止工作和就业中对残障人士的歧视

歧视是残障人士就业权保障中最常见也是最根本的问题，基于残疾的歧视是指基于残疾而作出的任何区别、排斥或限制，其目的或效果是在政治、经济、社会、文化、公民等任何其他领域，损害或取消在与其他人平等的基础上，对一切人权和基本自由的任何享有或行使。基于残疾的歧视包括一切形式的歧视，包括拒绝提供合理便利。《劳动法》《劳动合同法》规定了劳动者在行使劳动权的过程中，享有平等就业、不受歧视等权利；《就业促进法》直接规定用人单位不得歧视残障人士；《残疾人保障法》还规定了在工作的各个方面，包括招用、转正、晋级、职称评定、劳动报酬、生活福利、休息休假、社会保险等方面不得歧视残障人士，以保证其拥有平等机会和同等待遇的权利。具体来看：

1.《宪法》第33条规定，“中华人民共和国公民在法律面前一律平等”，“国家尊重和保障人权”。作为中国法律的母法，其为残障人士在就业过程中不受歧视及差别待遇提供了基本法律依据。

2.《劳动法》进一步规定了残障人士不受歧视的权利。其中，第3条对劳动者具体权利义务做了较详尽的规定，包括“享有平等就业和选择职业的权利、取得劳动报酬的权利、休息休假的权利、获得劳动安全卫生保护的权利、接受职业技能培训的权利、享受社会保险和福利的权利、提请劳动争议处理的权利以及法律规定的其他劳动权利”；第14条中，特别对残疾人、少数民族人员、退出现役的军人的就业进行了“法律、法规有特别规定的，从其规定”的规定；第29条明确保障“患职业病或者因公负伤并被确认丧失或者部分丧失劳动能力的”劳动者；第73条规定因工伤残或者患职业病的享受社会保险待遇。

3.《残疾人就业条例》第4条规定，禁止在就业中歧视残疾人。第13条规定，用人单位应当为残疾人职工提供适合其身体状况的劳动条件和劳动保护，不得在晋职、晋级、评定职称、报酬、社会保险、生活福利等方面歧视残疾人职工。《就业促进法》第29条第3款规定，用人单位招用人员，不得歧视残疾人。第62条规定，违反本法规定，实施就业歧视的，劳动者可以向人民法院提起诉讼。相较于宪法、劳动法等更为明确具体地规定了禁止工作和就业中对残障人士的歧视。

4.2008年，全国人大通过了《全国人大常委会关于批准〈残疾人权利公约〉的决定》，保护的重点在于确认残障人士与其他人在平等的基础上享有的就业权。

5.《残疾人保障法》第1条规定，为了维护残疾人的合法权益，发展残疾人事业，保障残疾人平等地充分参与社会生活，共享社会物质文化成果，根据宪法，制定本法。第3条规定，残疾人在政治、经济、文化、社会和家庭生活等方面享有同其他公民平等的权利。残疾人的公民权利和人格尊严受法律保护。禁止基于残疾的歧视。禁止侮辱、侵害残疾人。禁止通过大众传播媒介或者其他方式贬低损害残疾人人格。第38条第2款规定，在职工的招用、转正、晋级、职称评定、劳动报酬、生活福利、休息休假、社会保险等方面，不得歧视残疾人。第64条规定，违反本法规定，在职工的招用等方面歧视残疾人的，由有关主管部门责令改正；残疾人劳动者可以依法向人民法院提起诉讼。

6.《国务院关于做好当前和今后一段时期就业创业工作的意见》（国发〔2017〕28号）明确规定要打破城乡、地区、行业分割和身份、性别、残疾、院校等歧视。

7.《中华人民共和国国民经济和社会发展第十三个五年规划纲要》规定完善残疾人就业创业扶持政策，健全公共机构为残疾人提供就业岗位制度。

（二）无障碍设施和工作场所的合理便利

在《残疾人权利公约》中，无障碍既是一项一般原则也是一项实质性条款，适用于工作场所和其他所有的生活领域。《中华人民共和国国民经济和社会发展第十三个五年规划纲要》明确了要全面推进无障碍设施建设，《无障碍环境建设条例》明确了无障碍环境建设的含义，即为便于残疾人等社会成员自主安全地通行道路、出入相关建筑物、搭乘公共交通工具、交流信息、获得小区服务所进行的建设活动，并进行了具体的细化规定，包括政府组织和实施无障碍设施建设使之达到相应标准的义务，以及公共场所工作人员提供无障碍服务的义务等。我国《残疾人保障法》第 38 条规定了残疾职工所在单位提供无障碍工作场所的义务，并在第七章专门详细规定了应当为残疾人创造无障碍环境。相应的公共服务领域的法律和行政法规也明确了建设无障碍环境的要求，例如，《公共图书馆法》第 34 条第 2 款规定，政府设立的公共图书馆应当考虑老年人、残疾人等群体的特点，积极创造条件，提供适合其需要的文献信息、无障碍设施设备和服务等。《公共文化服务保障法》第 17 条规定，公共文化设施的设计和建设，应当符合实用、安全、科学、美观、环保、节约的要求和国家规定的标准，并配置无障碍设施设备。《残疾预防和残疾人康复条例》规定康复机构应当具有符合无障碍环境建设要求的服务场所以及与所提供康复服务相适应的专业技术人员、设施设备等条件，建立完善的康复服务管理制度。《人民法院法庭规则》规定法庭应当设置残疾人无障碍设施。

此外，各级地方政府也制定了相关的地方法规、行政规章。如上海市无障碍设施建设规划（2003—2006 年）、北京市无障碍设施建设和管理条例、广东省无障碍设施建设管理规定等。由国务院新闻办公厅 2015 年 6 月 8 日发布的《2014 年中国人权事业的进展》白皮书指出，目前我国已有650多个市和1600多个县正创建并稳步推进无障碍环境市县工作，其工作重点在于推进居住区缘石坡道、轮椅坡道、人行通道，以及建筑公共出口、公共走道、地面、楼梯、电梯候梯厅及轿厢等设施和部位的无障碍改造方面。

这表明我国在严格履行《残疾人权利公约》关于无障碍环境的要求，积极在生活的方方面面推进无障碍环境的改造和建设。但上述规定仅涉及市政建设、公共交通、信息交流、社区服务领域等残障人士经常出入的环境，而未对工作场所及非残障人士经常出入环境加以具体细化的规定。

根据《残疾人权利公约》，工作场所合理便利的任何措施均旨在使受益者（即残障人士）充分地、平等地参与到工作中，政府、用人单位均负有提供合理便利的义务，拒绝提供合理便利即构成基于残疾的歧视。我国《残疾人保障法》的相应规定体现为用人单位根据残障职工的特点和实际需要改造劳动环境。

（三）促进残障人士就业的积极措施

在诸多关于促进残障人士就业的积极措施中，按比例安排残疾人就业和缴纳残疾人就业保障金是其中最为重要的两项措施。

1. 按比例安排残疾人就业

按比例安排残疾人就业是指社会各单位必须按照法律的要求

雇用一定比例的残疾人，并将缴纳残疾人就业保障金作为这一制度的补充，若无法达成法律规定的比例要求，则以缴纳残保金的方式履行这一责任。20世纪80年代末，我国开始探索这一就业方式，以期作为集中就业方式的补充，用不同方式解决我国残疾人的就业问题，最早的按比例安排残疾人就业是从街道分散安置残疾人就业开始的，后通过学习国际上其他国家的普遍做法，并结合我国的具体情况，我国逐渐实现了按比例安排残疾人就业这一制度的法律化。①

1992年5月25日，国家发展计划委员会、劳动部、民政部和中国残疾人联合会联合出台了《关于在部分城市开展残疾人劳动就业服务和按比例就业试点工作的通知》（〔1992〕残联群字第81号），决定在上海、广州、青岛、沈阳、大连、武汉、九江、无锡等市进行开展残疾人劳动就业服务和按比例就业试点，要求社会各单位按规定比例吸纳确有相应能力的残疾人在适宜的岗位上工作，对吸纳残疾人就业没达到规定比例的单位，应交纳一定数量的“残疾人劳动就业基金”，对超过规定比例的单位，给予适当奖励。2007年5月1日起施行的《残疾人就业条例》规定了用人单位应当按照一定比例安排残疾人就业，并为其提供适当的工种、岗位。该比例不得低于本单位在职职工总数的1.5%。具体

① 梁土坤：《按比例安排残疾人就业的实践突破与发展方向》，载《社会福利（理论版）》2014年第5期。

比例由省、自治区、直辖市人民政府根据本地区的实际情况规定。2008 年 7 月 1 日起施行的《残疾人保障法》第 33 条规定国家实行按比例安排残疾人就业制度。国家机关、社会团体、企业事业单位、民办非企业单位应当按照规定的比例安排残疾人就业，并为其选择适当的工种和岗位。达不到规定比例的，按照国家有关规定履行保障残疾人就业义务。国家鼓励用人单位超过规定比例安排残疾人就业。残疾人就业的具体办法由国务院规定。至此，按比例就业从倡导性的就业政策上升为法律明确规定的制度。

对残障人士按比例就业制度，学界一直存在赞同与反对两种声音。[①] 但在我国由于在立法过程中和公共领域的讨论并未让残障人士和社会公众对支持和反对的理由进行深入讨论，这直接导致公众和企业对按比例就业的支持力度的不足。此外在制度方面，目前我国虽设置了按比例就业，但没有一系列的配套措施，如监管实施、对机构的指引等，并且由于设置了“保障金”这一替代方案，许多单位宁愿交保障金也不愿雇用残障人士上岗就业，甚至还出现用残障人士的名义躲避缴纳残保金，但却不给残疾人指派任务的情况。2013 年，蒲城县残疾人劳动就业服务所就对蒲城

① 大体而言，支持按比例就业的理由包括：（1）按比例就业是针对残障人士就业歧视行为采取的纠偏行动（affirmative action）；（2）按比例就业有利于实现实质性公平；（3）按比例就业有助于证明残障人士的就业能力。反对按比例就业的理由则强调按比例就业：（1）构成对健全就业者的反向歧视；（2）构成对市场经济的干预；（3）侵犯雇主的用人自主权；（4）导致对残障人士更为严重的歧视；（5）难以得到有效执行。

协和专科医院未按在职职工人数 1.5% 比例安排残疾人就业，而向蒲城县法院提起强制执行。[①]

另一个值得研究的问题是，是否应根据残障类型与残障程度确定在雇佣对象中的不同权重。我国目前除部分地区规定雇佣一名盲人可视为雇佣两名残障人士之外，在人数计算上并不区分残疾类型和残障程度，但一方面，不同残障人士的工作受限程度存在差异，需要法律倾斜保护的力度也是不同的，统一的权重有违个体主义的方法论；另一方面，这样的规定容易导致雇主为了达到法定比例而多雇佣轻度残障人士，有意少雇佣重度残障人士，难以保障重度残障人士的平等就业权。

对按比例就业的改进，我们认为应从以下几方面着手：第一，推进国家机关按比例安排残障人士就业；第二，落实支持性就业理念；第三，根据新技术条件促成就业领域的扩张，如网络就业。

国家机关依法应按比例安排残障人士就业，这对全社会的观念改变具有表率意义。为此，立法应尽快修改公务员体检标准，进一步放宽对残障人士参加公务员考试的限制；在公务员考试的具体管理办法中增加为残障人士提供无障碍服务的要求，包括提供无障碍化的考场，根据需要提供盲文、大字体试卷，特殊情况下延长考试时间等；对于残障人士公务员连续三年达不到法定比

① 蒲城县残疾人劳动就业服务所与蒲城协和专科医院 5% 比例安排残疾人就业申请案：（2013）蒲法执字第 00077 号。

例的国家机关，参照北京市、河南省地方法规的规定，实行岗位单列、定向招录的办法，挑选符合岗位要求的残障人士进入公务员队伍。

支持性就业是一种秉持“先安置后培训”原则的残障人士就业安置模式，即在充分考虑残障人士的能力、兴趣并保持其选择权利的前提下，帮助其在融合的环境中获得和从事竞争性的工作。为残障人士提供更多的融合环境中就业的机会，助其实现真正意义上的就业。

在网络技术飞速发展的时代，不少残障人士获得了前所未有的机遇。残障人士网络就业虽然发展较快，但是面临一些问题：政府扶持不足，缺少残疾人网络创业的专项扶持；残疾人文化水平普遍偏低，网络营销技能亟待加强；由于身体条件的限制，物流配送环节存在困难；由于资金不足，限制了残疾人网络创业的规模；由于地区经济条件的差异，残疾人网络创业发展很不平衡等。但是如果能够妥善处理这些问题，网络就业的形式将给按比例就业的真正实现带来更多的机会，让按比例就业更有条件去实现与完善。对此，政府应专门设立财务和政务支持方案予以应对。

2. 缴纳残疾人就业保障金

征收残疾人就业保障金是我国为保障残疾人劳动就业权的重要举措，由安排残疾人就业达不到其所在地省（自治区、直辖市）人民政府规定比例的用人单位代为缴纳，这并不是对不依法按比例安排残疾人就业的处罚措施，而是按比例就业制度的一种补充，意在为残疾人就业提供资金支持，有助于残疾人平等地参与社会生活，在公开劳动力市场上谋得一份工作，获得劳动报酬，实现自我价值。这一制度经历了几十年的探索和发展，已取得了一定的突破，并随着制度的完善将在未来更好地保障残疾人劳动就业权。

1990 年 12 月 18 日，我国颁布了《残疾人保障法》，该法自 1991 年 5 月 15 日起实施，其第 30 条规定，国家推动各单位吸收残疾人就业，各级人民政府和有关部门应当做好组织、指导工作。机关、团体、企业事业组织、城乡集体经济组织，应当按一定比例安排残疾人就业，并为其选择适当的工种和岗位。省、自治区、直辖市人民政府可以根据实际情况规定具体比例。该条规定从制度上保证了按比例就业制度的推行，该项制度也在一定程度上解决了部分残疾人的就业问题，但必须承认的是，该制度缺乏具体的实施细则和监管措施，用人单位在执行时确有现实的困难，其解决残疾人就业问题的能力有限。在这样的背景下，我国开始借鉴国外的做法，尝试对无法达到相应比例的用人单位征收残疾人就业保障金，用于支持残疾人事业的发展。

1995 年 10 月 14 日，我国财政部颁布了《残疾人就业保障金管理暂行规定》（财综字〔1995〕5 号），其第 1 条规定，在贯彻实施《中华人民共和国残疾人保障法》的过程中，一些地方法规规定机关、团体、企业事业单位和城乡集体经济组织安排残疾人就业达不到一定比例的，要交纳残疾人保障金。第 5 条还明确了残保金的用途，包括补贴残疾人职业培训费用，奖励超比例安置残疾人就业的单位及为安排残疾人就业作出显著成绩的单位，有偿扶持残疾人集体就业、个体经营，经同级财政部门批准，适当补助残疾人劳动服务机构经费开支，经同级财政部门批准，直接用于残疾人就业工作的其他开支。该暂行规定的内容还规范了收取、使用和管理的负责部门等具体事项，初步奠定了该制度的基础。

在此基础上，财政部还于1995年2月17日印发了《企业缴纳残疾人就业保障金有关会计处理规定》(财会字〔1995〕10号)，规范了企业缴纳残疾人保障金的有关会计处理问题。1995年5月8日，中国残疾人联合会发布《关于制定地方〈残疾人结业保障金管理暂行规定〉实施办法的若干意见》，具体规定了残保金的来源、收取、管理和使用等事项，为地方制定相应细则提供了指导。各省市也先后出台了相应的实施办法，使该项制度更加具体、更具可操作性。

最初残保金由各地残联征收，但征收力度很弱，征收效果并不理想。自2004年起，全国各地的残保金由残联改为地税部门代征，亦有地区由社保部门代征。征收主体的变化使残保金的征收得到了空前飞跃，企业漏缴、拒缴的局面大为改善，各地残保金征缴数额骤然增加。残保金的征收，使通过财政支持残障人士就业有了物质保障。当然，残保金的使用仍然不够透明、有效。

2013年，广州残障人士李阳因向广州市残联、广州市财政局申请公开十年来广州市残保金收支明细未果，将两家机构诉至法院后败诉。[①] 另据新华网报道，根据浙江省 2013 年发布的本级预算执行和全省其他财政收支的审计显示，杭州市本级残保金用作市残联及 3 家下属单位公用经费；椒江区 5 年来在残疾人康复专项中列支临时工工资、餐费、汽车修理费等 35.76 万元。另外还有 16 个市县向 273 名死亡残疾人员补助 74.52 万元费用；14 个市县存在重复补助或向不符合条件的残疾人发放各项政策性补助，涉及 1006 人。而在广州，2012 年残保金预算 4.82 亿元，实际支出 2.42 亿元，执行率仅有 50.21%，大量残保金“闲置浪费”。[②] 由此可见，残保金滥用现象普遍，并未完成其促进残疾人就业的设计目的。残保金不能得到合理利用，不仅无法保证残疾人就业领域的发展与促进，甚至导致外界对其征收理由产生质疑，以中、微小企业为代表的社会各界对残保金能否促进残疾人就业产生了误解。残保金的存在，反而成为残障人士平等就业的壁垒。公开残保金使用明细，并细化对残疾人扶助的具体支出项目就成为迫切的需要。

2015 年 9 月 9 日，财政部、国家税务总局以及中国残疾人联合会联合发布了《残疾人就业保障金征收使用管理办法》（财税

---

① 新华网：《广州：残疾青年要求公开“残保金”支出明细》，http://news.xinhuanet.com/mrdx/2014-12/21/c_133868960.htm。

② 新华网：《中国残保金收支明细未公开或存利益均沾现象》，http://www.js.xinhuanet.com/2014-06/11/c_1111088952.htm。

〔2015〕72号），该办法针对此前残保金制度存在的问题和不足，对残保金的征收缴库、使用管理和法律责任等做了新的调整，成为这一领域制度上久违的突破。该办法第7条第1款要求用人单位需将残疾人录用为在编人员或依法签订1年以上（含1年）的劳动合同，并实际支付不低于当地最低工资标准的工资，并足额缴纳社会保险费，才可计入安排残疾人就业人数，这一规定保证了残疾人的劳动关系受合同约束并能受到法律的保护，对最低工资和社会保险的规定则最低限度地保证了残疾人获得劳动报酬，享受社会保障。该条第2款还规定用人单位安排1名持有《中华人民共和国残疾人证》（1—2级）或《中华人民共和国残疾军人证》（1—3级）的人员就业的，按照安排2名残疾人就业计算，这一规定体现了鼓励用人单位雇佣重度残疾人，在一定程度上避免了用人单位有选择性地雇佣轻度残疾人，而实际上造成了对重度残疾人就业的歧视。第8条将原有的按照年度差额人数和上年度本地区职工年平均工资计算改为按上年用人单位安排残疾人就业未达到规定比例的差额人数和本单位在职职工年平均工资之积计算缴纳，这一调整考虑了不同企业的工资水平，差别化计量企业需要缴纳的残保金。第16条规定自工商登记注册之日起3年内，对安排残疾人就业未达到规定比例、在职职工总数20人以下（含20人）的小微企业，免征保障金，这一规定减轻了初创微小企业的负担。第20条第1款规定了各地应当建立用人单位按比例安排残疾人就业及缴纳保障金公示制度，这一规定使社会公众能

够明确了解自己缴纳的资金的去向，进而理解这项制度对于促进残疾人就业的作用，不仅有利于消除误会，还能增加其参与的热情，改善残疾人被社会边缘化的情况，有利于促进融合就业。与此同时，公示制度意味着对残保金的征收和使用加以监督，能够促进该项制度更加透明、公开。第21条细化了残保金的使用范围，与《残疾人就业保障金管理暂行规定》（财综字〔1995〕5号）相比，使用范围更广，涉及残疾人职业培训、职业教育和职业康复支出，残疾人就业服务机构提供残疾人就业服务和组织职业技能竞赛（含展能活动）支出，补贴用人单位安排残疾人就业所需设施设备购置、改造和支持性服务费用，补贴辅助性就业机构建设和运行费用，残疾人从事个体经营、自主创业、灵活就业的经营场所租赁、启动资金、设施设备购置补贴和小额贷款贴息，各种形式就业残疾人的社会保险缴费补贴和用人单位岗位补贴，扶持农村残疾人从事种植、养殖、手工业及其他形式生产劳动，奖励超比例安排残疾人就业的用人单位，以及为安排残疾人就业作出显著成绩的单位或个人，对从事公益性岗位就业、辅助性就业、灵活就业，收入达不到当地最低工资标准、生活确有困难的残疾人的救济补助，经地方人民政府及其财政部门批准用于促进残疾人就业和保障困难残疾人、重度残疾人生活等其他支出。在原有规定的基础上，新的规定涵盖了残疾人就业方方面面的需要，这一调整有助于全方位地为残疾人就业提供必要的资金支持，促进该项保障金的合理使用。

二、残障人士劳动就业权的实现和公司社会责任

长久以来，残障人士劳动就业权的实现依靠的是政府福利性的支持和保护政策。如前所述，政府福利性的支持和保护政策的观念前提是对待残障的个人模式（或医疗模式）。福利性的支持和保护政策，本质上是一种照顾性质的特殊、隔离式的安置，并非将移除障碍作为出发点寻找解决方案。上述政策将残障人士作为整体置入一个普遍遭受社会结构性歧视的环境。

在个人模式下，作为雇主的公司承担社会责任，也将保障残障人士劳动权的措施仅仅看作是企业的慈善行动。换言之，公司是在为股东追求利润目标前提下考虑利益相关人利益，并不将其看作是必须履行的法定义务。这种看待公司社会责任的方式令保障残障人士劳动就业权遭遇重重阻碍。首先，公司把法定的反对针对残障的歧视、提供残障劳动就业必需的合理便利置入与一般商业运营成本类似的利润考量之中，往往在追求利润的过程中怠于实现上述目标甚至牺牲上述目标。其次，公司将促进残障人士就业的积极措施看作是公司可做可不做的慈善举动。即便有法律规定的残保金征收，大部分公司也将其看作是企业一般税负的一部分，而不是促进残障人士劳动就业权实现的积极措施。

从我国加入《公约》之后进行的修改立法和推动残障人士劳动就业权实现的举措看，我国已经在积极推动从残障的个人模式向社会模式的转型。我国宪法的人权保障条款也要求立法者从权

利视角理解残障人士劳动就业问题，主动采取措施提供积极的工作保护与福利，开发制度规范其目标和转变福利供给的模式，不但从量上解决问题（就业率），还要从质上注重残疾人的就业。相应地，公司社会责任也应从残疾人权利保障视角来理解。公司采取措施反对针对残障的歧视、提供残障劳动就业必需的合理便利，并非可做可不做的事情，而是法定义务。依照《公约》："缔约国确立残疾人在与其他人平等的基础上享有工作的权利，包括有机会自由选择职业谋生，在开放、融合、无障碍的工作环境中工作的权利。"相应的《残疾人保障法》规定："国家保障残疾人劳动的权利。各级人民政府应当对残疾人劳动就业统筹规划，为残疾人创造劳动就业条件。"劳动行政部门依法有权对公司是否采取措施反对针对残障的歧视、提供残障劳动就业必需的合理便利进行检查和督促，而公司也应从公司社会责任法律化的视角来看待相关义务。

促进残障人士劳动就业权实现的积极措施此前遭遇的困境，如果转换到公司社会责任法律化的视角，则立法者和公司都可能发现新的方式去落实这些措施。立法者和政府在按比例安排残疾人就业和缴纳残保金方面可以灵活采纳"选择构筑"（choice architecture）式的措施；而公司一旦将其作为一般性合规义务，则可能有新的方式来将该义务纳入商业模式本身，这恰恰是促进残障人士劳动就业权实现的积极措施的本意。

"选择构筑"这个概念最早出现在当代行为经济学和心理学

的研究中，它常用来描述可以提供给消费者选择的多种方式以及提供选择的方式对消费者的选择存在的影响。[①] 选择构筑强调的是，只要创造出适当的决策环境，就能促使人们自动作出较好的决定。选择构筑不需要强迫、硬性规定，更不必妨碍任何人的选择自由。这一思想可以用来更新和改造既有的法规和政策，以期达到推动残障人士劳动就业权实现的立法目标。

按比例安排残疾人就业和缴纳残保金原本是政府鼓励企业开始雇佣残障员工提供的“助推”（Nudge），但从现有情形看，效果并不理想。

残保金的具体征收是指在实施分散按比例安排残疾人就业的地区，凡安排残疾人达不到省、自治区、直辖市人民政府规定比例的机关、团体、企业、事业单位和城乡集体经济组织，根据地方有关法规的规定，按照年度差额人数和上年度本地区职工年平均工资计算交纳用于残疾人就业的专项资金。以北京市为例，市行政区域内的用人单位，应当按照不少于本单位在职职工总数1.7% 的比例安排残疾人就业，达不到上述规定比例的，应当缴纳

① 这个概念最早由泰勒和桑斯坦教授所发明，见 RICHARD H. THALER CASS R. SUNSTEIN，NUDGE（2008）；另参见 Richard H. Thaler and Cass R. Sunstein，Designing better choices Libertarian paternalism gives you options while achieving society's goals，April 02，2008，LA Times，available at http://articles.latimes.com/2008/apr/02/opinion/oe-thalerandsunstein2，最后访问时间：2017 年 2 月 27 日；Richard H. Thaler & Cass R. Sunstein，Libertarian Paternalism，93 AM. ECON. REV.（Papers & Proc.）175（2003）；另见 RICHARD H. THALER & CASS R. SUNSTEIN，NUDGE（2008）.

保障金。残保金计算公式为：保障金年缴纳额 =（上年企业在职职工人数 ×1.7% - 上年企业实际安排残疾人就业人数）× 上年度本地区职工年平均工资。2016 年之前，残保金的计算基准是本市上年度本地区职工年平均工资（约 5000 元），大部分企业都将残保金当作一般税负。残保金的征收并未改变企业不雇佣残障员工的现状，甚至在企业观念中雇佣残障员工成为一种社会负担。2016 年后，由于计算基准改为上年企业在职职工年平均工资，平均工资比较高的企业需要支付高昂的残保金。2016 年后，残保金计算公式为：保障金年缴纳额 =（上年企业在职职工人数 ×1.7% - 上年企业实际安排残疾人就业人数）× 上年企业在职职工年平均工资。例如，某外资会计师事务所 2016 年支付了 2400 万元残保金。大部分企业开始对此加以重视，北京市在残障员工就业权领域的非政府组织如一加一公益集团收到大量咨询需求。但 2017 年，财政部以“进一步减轻社会负担，支持实体经济发展”为由，将残保金征收标准上限设定为当地社会平均工资的 3 倍；2018 年，财政部以同样的理由将残保金征收标准上限由当地社会平均工资的 3 倍降低至 2 倍。

财政部的上述措施固然减轻了企业过分的负担，但并未实现政策目标。从“选择构筑”的视角看，如果缴纳残保金原本是政府鼓励企业开始雇佣残障员工提供的“助推”（Nudge），那么也许对残保金征收应以更加灵活有效的方式进行。企业不考虑雇佣残障员工，大多数情况下因为对雇佣残障员工所需要的支出不了解。如果残保金征收方面可以更加灵活，例如，对雇佣了1位以上残障员工的企业适度减少征收残保金，而对1位残障员工都没有的企业适度加重，则应可以鼓励所有企业开始尝试，这对残障人士劳动就业权利的实现有助。

从企业的角度讲，在残障人士劳动就业领域代表最佳公司社会责任实践的公司都无一例外地将雇佣残障员工的劳动就业视为残障员工的权利，而将实现上述权利视为公司的义务。在下文列举的针对残障人士就业的公司社会责任的案例中，如国际商业机器（IBM）中国有限公司、北京市珐琅厂有限责任公司等并未从公司成本角度考虑，但都达到了履行社会责任和公司盈利的双赢。当立法者和政府以“选择构筑”式的立法和政策措施推动，公司就可以从法律化的社会责任得到新的激励，类似残障人士劳动就业权实现的公司社会责任目标就更易于获得公司和社会的合力而达到。

三、针对残障人士就业的公司社会责任：案例和实践[①]

对公司而言，残障人士自身的需求和发展特点应当成为实践的出发点和依据，只有这样，才能使相关的政策和实践能够有益

① 本部分案例为哈佛法学院残障项目和一加一公益集团组织的研究中收集，蒙允许在本书中使用，谨此致谢。

于残障人士的发展和社会融合，这对国家和残障群体都是事半功倍的好事。然而，长期以来，由于广泛和长久的对残障的歧视、隔离和排除，残障人士在教育和职业发展等重大生活方面的平等机会被剥夺。残障人士被塑造成依附于救助和专家代理的对象。他们没有机会接受融合，没有适当的教育和发展机会以及表达他们需求和愿望的途径。这样的状况势必会导致给残障人士的支持体系的建立和提供不能与他们的需求和特点相符合，给国家和个人及家庭造成无法挽回的损失。他们的负面处境和所遭受的歧视成为恶性循环，严重影响残障权利保护的进程。

（一）国际商业机器（IBM）中国有限公司社会责任案例

国际商业机器有限公司（以下简称“IBM”）是一家国际知名的提供信息技术服务的公司，全球员工超过 43 万人，业务遍及世界 170 多个国家和地区，有“蓝色巨人”（Big Blue）的昵称。近百年来，IBM 始终致力于以先进的技术、出色的管理和独树一帜的产品和服务，推动着全球信息工业的发展，涵盖了世界范围内几乎所有行业用户对信息处理的全方位需求，凭借领先的科技、成熟的管理和把握未来社会发展的深刻洞察力，一直致力于成为“善工、善制、善世”的发展推动力。

作为全球最大的信息技术解决方案提供商，IBM 自 1911 年成立以来始终以“优秀企业公民”的宗旨律己，秉承多元化和包容的企业文化，在培养障碍人才、帮助障碍人才就业、关怀障碍员工和提高障碍人士的生活工作便利度等各方面均进行着不懈的努力。

IBM中国从2002年开始招聘障碍员工，目前有近百名障碍员工，服务于IBM各事业部，如全球技术服务部、全球咨询服务部、销售与后勤支持部和研发部。职位的类别从低端的支持性工作到高端的管理、技术人员均有涉及。为了彻底贯彻IBM的多元化战略，减少部门接受障碍员工的障碍，IBM公司特别设立了障碍员工招聘基金，专门用来做障碍员工招聘。这一新的招聘模式，大大提高了网络障碍人才的效率，降低了部门对障碍员工的招聘顾虑。

IBM中国的实践在其公司文化中早有渊源。在美国，IBM公司于1914年雇用的第一位障碍者，比美国联邦政府出台的障碍者就业法案早76年。1999年，IBM的董事会通过了一项全球的标准，即IBM公司要作为雇主、制造商和服务供应商三种角色为障碍者提供便利的设施，形成了自上而下、从内到外、全方位的融合氛围。

IBM推行弹性工作制，残障员工可以根据自身情况申请在家办公。IBM公司还搜集了对于不同障碍性质的员工对于办公设置无障碍的改进意见和需求，然后针对每一位障碍员工的具体需求进行相应的办公设施改善。IBM的障碍员工有自己的俱乐部，俱乐部秉承“大家帮大家”原则，在人力资源部的协助下定期举行各形式的活动，包括障碍员工内部的交流、与公司领导层的沟通以及和各级残联领导的座谈会等。

一位听力障碍员工在接受“IBM 残障员工风采”的纪录短片采访时说道：“因为 IBM 的多元化，我才有机会在这里工作。从加入 IBM 到现在，在感受企业文化氛围、融入团队工作气氛的同时，我也更加体会到了这个公司秉承的员工多元化宗旨的意义，那就是‘IBM 的员工，不会因为肤色、年龄、性别、信仰、体质和地区的差异，而在公司内部遭遇不平等待遇’。”IBM 的障碍员工不但受到的是公平的待遇，并且如另一位障碍员工所言“我在 IBM 的工作生活非常充实，丰富多彩，IBM 不仅提供了平等的工作机会，还特别注重员工能力和技能的培养，给员工提供丰富多彩和各式各样的培训和学习的机会。我们每天面对的都是非常有挑战的工作，同时工作也能激发我的热情，能够投入到每天新的业务中去，我很荣幸能跟 IBM 共同成长”。

IBM 的残障员工用自己的智慧为公司的发展而积极努力。一些员工出类拔萃，为公司作出了特殊的贡献。IBM 大中华区障碍员工联合会的主席张焱，于 2002 年加入 IBM 公司，也是 IBM 公司在中国大陆地区招聘的第一位障碍员工，他刚进公司时从最基础的销售助理做起，随着能力的增长和技术的提高，渐渐转到一线做销售，他连续数年获得优秀绩效工作奖，足迹遍布 20 多个城市，并为公司谈下了开创先河的一单生意。1986 年加入 IBM 的卡涅夫斯基博士，当人们为他“IBM 发明大师”头衔赞叹不已的同时，谁又能想到他是一位听力言语障碍者，他在辅助技术和产品以及信息无障碍研发领域起到了建设性的作用，目前已获得 75

项专利，2002年被评为“拥有专利最多的10名IBM员工”之一，他关于生物统计学方面的安全专利，被麻省理工学院评为2003年最有影响的专利，此项发明更是在IBM产品中得以应用。在日本IBM工作的浅川智惠子博士是另一个令人称奇的障碍者发明家，浅川女士14岁失明，1995年加入IBM后，变自己的视力障碍为优势，专门致力于非视觉计算机界面、网络无障碍及可用性技术解决方案的研究。浅川女士在IBM工作期间还完成了自己的继续深造，于2004年获得了东京大学的博士学位。

IBM拥有遍布全球的无障碍设施研发中心“IBM信息无障碍中心”，致力于用IT基础设施和创新科技扫除信息障碍，改善障碍者的工作生活的环境质量。自20世纪50年代以来，针对障碍者的需求，IBM开发出一系列的软件硬件产品：远程遥控键盘、语音键盘、针对听力和言语障碍者的SpeechViewer语言辅助系统、盲文转化系统、听障视频翻译系统等。IBM公司的创新发明帮助听力和言语障碍者开启有声天地，让视力障碍者融入多彩世界，为肢体障碍者插上腾飞的羽翼。

此外，为了推动全社会对障碍群体的关注，鼓励障碍者大学生自强不息，IBM还捐赠了数十万元人民币，与中国残疾人福利基金会共同设立了“IBM中国优秀学生自强奖学金”，用于奖励计算机、电子工程、财经、外语等相关专业的品学兼优、自强自立的优秀障碍大学生。“IBM中国优秀学生自强奖学金”是中国首个由跨国公司设立的、面向障碍大学生的奖学金。每年奖励十多位在校优秀障碍大学生，奖金额度3000—8000元。由于受到教育水平和教育机会的限制，很多障碍者就业时只能选择比较传统、比较低端的领域。IBM自强奖学金无疑为障碍学生接受高等教育、成为高等人才提供了更多机会。

为了了解高校障碍大学生的需求，尤其是就业方面的困难，2008年，IBM投入专项资金与中国残联就业服务指导中心合作开展了“残障大学生问卷调查”活动，调查范围包括了全国50多所高校的200多位在校障碍大学生，调查报告反映了障碍大学生在了解企业招聘信息、英语培训和人际交往能力提高这三方面迫切的需求。IBM公司和中国残联就业服务指导中心为解决以上问题开展相应的合作项目。调查结果为双方以及社会各界为障碍者服务提供了指导和方向。

IBM公司“蓝色之路”是一个针对次年高校毕业生的暑期实习项目，表现优秀的实习生能够在第二年毕业后被IBM公司聘用。IBM公司响应中国政府鼓励学生“先进行深入的社会实践，再去选择就业”的号召，投资创立了障碍学生实习基金，借助“蓝色之路”实习生项目的平台，为更多的障碍学生提供实习的机会。障碍学生在毕业之前就可以提前体会IBM公司的企业文化和蓝色魅力，并且除了在工作岗位的实习，还可以参加IBM公司为实习生准备的一系列丰富多彩的培训项目和课外活动，为他们将来走向社会、走向工作岗位打下了坚实的基础。

为了提升全社会对信息无障碍的了解和重视，推动信息无障碍工作的开展，2004 年 10 月，在中国残联、信息产业部和中国盲人协会的支持下，由中国残疾人福利基金会和中国互联网协会主办，由中国盲文出版社、中国互联网协会《互联网天地》杂志社和 IBM 全球信息无障碍中心共同承办的首届中国信息无障碍论坛在北京成功召开。论坛就信息无障碍的国内外现状、发展趋势、存在的问题以及信息无障碍对中国经济社会、科学发展的意义进行了深入的探讨，取得了积极的社会反响。在此次论坛中，IBM 作为承办方之一，在论坛上做了主题演讲和技术报告，与参会者分享了自身以及与各国政府及机构合作推动信息无障碍方面的经验。迄今，该论坛已经成功举办了十届，对推动全社会信息无障碍事业的发展起到了积极的作用。

（二）北京市珐琅厂有限责任公司社会责任案例

北京市珐琅厂有限责任公司的前身是北京市珐琅厂，成立于 1956 年 1 月，是全国景泰蓝行业中唯一的中华老字号。公司集景泰蓝设计研发、生产制作、工艺展示、精品收藏、参观购物、科普教育为一体，是全国最大的景泰蓝研发、生产、销售、展览展示基地。公司产品代表了当代我国景泰蓝发展的最高水平，引领着景泰蓝的发展方向和潮流。作为一家老牌国有企业，北京市珐琅厂有限责任公司从建厂初期就非常重视安置障碍者就业工作，先后安置了 100 余名障碍者（主要是听力、语言和肢体障碍者），最多时同时聘用过 70 多名障碍者，目前企业退休职工中有 60 余名障碍者，在职职工中有25名障碍者。他们当中有的是国家级工艺美术大师，有的是高级技师、技师，还有的走上了领导岗位。

2002年企业改制后，北京市珐琅厂有限责任公司将企业发展与安置障碍者就业结合起来，主动承担社会责任和义务。从招聘、上岗、技能培训、福利待遇、工作管理等各方面研究如何做好安置障碍者就业工作。

北京市珐琅厂有限责任公司招聘障碍员工主要是通过联系残联相关部门和北京特殊教育学院等机构，招聘时，会优先安置那些生活困难的障碍者就业，根据具体的障碍者的情况，分配到不同的工作岗位。为了提高障碍员工的职业技能，珐琅厂开展了有针对性的带徒工作，为每位障碍员工安排了国家级大师或中、高级技师来“传、帮、带”，手把手地教他们，并举行了收徒仪式。其中，发展较好的一位设计师名叫左红，是2004年从北京特殊教育学院招聘的一名美术专业的大学生。根据她的特长，公司安排她师从于总工艺师、高级工艺美术师、中国工艺美术大师钟连盛。在公司的培养下，左红进步很快，第二年她设计的景泰蓝产品在国内展会上获得了银奖，并于2013年获得了北京三级工艺美术大师称号。

北京市珐琅厂有限责任公司尊重障碍员工的公民权利和人格尊严，为其提供平等的竞争机会。多年来，在职业发展、调整工资、福利分配、年休假制度等方面用同样的方式对待障碍和非障碍员工。障碍职工通过自身的努力，同样可以考取初级、中级甚至高级技师职称，同样可以获得市级、国家级工艺美术大师的称号，甚至走上公司的领导岗位。例如，米振雄（下肢行动障碍），作为企业培养的一名中国工艺美术大师，不仅其作品陈列在中南海，还曾担任公司车间主任职务。米大师设计的作品多次荣获国家级金奖，并被数个博物馆收藏，2012 年，米大师还荣获“亚太地区手工艺大师”称号。退休后，公司为米大师单独设立了一个工作室，独立运营，企业为其提供必要的人力和物力帮助。

为帮助障碍员工了解企业、社会，珐琅厂建立了多种沟通渠道以传递企业信息，企业除开通飞信、出版“京珐报”外，每年会请特殊教育学院教师来公司给有关领导、障碍者师傅、班组长等直接管理人员教授手语课程，促进互相了解、沟通，以便于障碍者的工作和发展。

此外，北京市珐琅厂有限责任公司对障碍员工有一系列合理的安排与支持，包括：对无障碍环境改造的投入；考虑到安全问题，对居住地离公司远的障碍职工，不安排上晚班；为障碍员工在社会上参加各种学习培训提供全力支持和方便，允许其调班、倒休；不定期地与家人沟通，反馈他们在企业的工作、学习情况；以及其他的福利政策。

珐琅厂的障碍员工较好地与公司发展和核心生产力相融合，并且获得了与非障碍者一致的待遇和发展机遇。正是由于工艺美术领域工作的特殊性，使听力、语言和行动障碍者存在的障碍不会对创作或手工艺制作带来过多限制，反而可能因为功能性补偿与代偿功能使他们有不同于非障碍者的创造力。

根据北京市珐琅厂有限责任公司的案例，听力、语言和肢体障碍者适合于美术、工艺品设计与制作相关的岗位，他们的障碍甚至成为优势。由此可见，企业如果能够开发出与障碍者的特点和公司核心业务相匹配的岗位，可能得到意想不到的收获。

（三）深圳市科潮达科技有限公司

深圳市科潮达科技有限公司（简称科潮达）成立于1998年，注册资金2千万元。经过十多年的发展，科潮达已经成为集设计、研发、制造、销售、服务于一体的专业手机制造企业，产品销往印度、泰国、印度尼西亚、巴基斯坦、孟加拉、非洲等三十多个国家和地区。2012年度，科潮达公司销售额达到10亿元人民币。其仍坚持“实用、精美、高品质、低价格”的经营理念，立志发展成为专业化、国际化的移动通信企业。

科潮达公司以“创造幸福人生”为社会性理念，强调企业应履行义务和承担社会责任。自2009年，科潮达公司开始招聘障碍者，现已由最初的1名障碍员工发展到目前的600多名，超过公司员工总数的50%。其中大多数是重度障碍者，并且大部分来自农村的贫困家庭。

科潮达发现，由于障碍员工找工作困难的现实情况，障碍员工会比非障碍员工更加珍惜工作机会并且更用心地对待工作。在没雇用障碍员工之前，科潮达生产线上的员工流失率很高，而雇用障碍员工后，每个岗位的员工流失率都明显降低，有效地提高了生产质量。只要工作认真、表现好、有一定管理的能力，科潮达给予障碍员工和非障碍员工平等的升职机会，目前，每条生产线上都有障碍管理人员，包括生产厂长、人事部经理和设计部主管等。

科潮达认为有效的障碍用工管理与沟通的经验是：换位思考。在生产一线当中，员工和管理人员会经常发生矛盾，为了解决这一问题，科潮达开展了换位思考沟通技巧训练——设身处地为他人着想，即想人所想、理解至上的一种处理人际关系的思考方式，人与人之间要互相理解、信任。沟通时让管理者站在员工的位置上考虑问题，同样，又让员工站在管理者的位置去思考问题，大家都互相宽容、理解，多站在别人的角度上思考，经过一系列的沟通，有效化解了很多矛盾。

此外，为了帮助障碍员工更好地融合，科潮达根据障碍员工不同的文化背景、学历、特殊的心理及生理状况，不定期邀请深圳市残联的讲师为障碍员工进行有关情绪管理、如何有效沟通、安全生产等方面的培训讲座。

关于无障碍环境，科潮达科技有限公司在办公区内改造了无障碍卫生间，在楼底阶梯处建造了无障碍坡道。但由于生产厂地是租用的，在改造方面存在一定困难，难以达到完全无障碍的标准，科潮达的做法是派专人协助有需要的障碍员工。为雇用更多的障碍者，科潮达科技有限公司的第四、第五车间正在改建装修当中。

工作之余，科潮达十分注重障碍者的精神文化生活，专门成立了“科潮达轮椅舞队”，经常代表公司去参加表演，感动了很多观众；言语障碍者成立了“手语舞队”。同时，公司2011年开始用利润无条件地助养一千名丧失劳动能力的贫困重度障碍者。目标是打造全球最大的障碍者就业基地，并以此基地为示范中心，引导和号召更多企业参与到障碍者事业中。目前，公司已与全国各地市残联建立了障碍者就业基地，以搭建更高的适合普遍障碍者自我发展的就业平台，实现障碍者借助高科技大规模就业的愿望。

在“工荒”的时代，真正“荒”的是中国沿海地区以及较发达地区的生产制造业，一些厂商雇用障碍员工常常供不应求，流水线上的岗位多为重复操作性劳动，岗位流动性很大，对教育背景也没有过高要求，经过培训的不同类型障碍者基本能够满足岗位需求，加之障碍者找工作较为困难的现实，被雇用的障碍者在岗位上往往较稳定。

与一般的生产制造类企业不同的是，科潮达科技有限公司雇用的障碍者主要是重度障碍者。科潮达不仅为障碍者提供了平等的工作环境，还为他们提供能力、职业技能培训和开放的职业发展路径。在这个案例里可以供其他企业学习与参考的恰是对障碍员工劳动能力的正确评估，“重度”是由我国残疾证发证评定的标签，不能因此怀疑、剥夺或者放弃障碍者的就业机会。

（四）欧姆龙（中国）有限公司

欧姆龙株式会社是全球知名的自动化控制及电子设备制造厂商，掌握着世界领先的传感与控制核心技术。自1933年创业至今，通过不断创造新的社会需求，公司业务遍及35个国家和地区，拥有35411名员工，全球销售额达6195亿日元（截至2012年3月31日）。产品多达几十万种，涉及工业自动化控制系统、电子元器件、汽车电子、社会系统以及健康医疗设备等广泛领域。

欧姆龙在华事业经过了20世纪70年代的技术交流、80年代的委托加工，以及90年代的直接投资与生产，进入21世纪，真正迎来了“再投资、协同创造”的新阶段，实现了里程碑式的飞跃。1994年，作为第一家日本电子制造企业，被国家有关部门批准成立投资性公司——欧姆龙（中国）有限公司。目前，欧姆龙中国已经形成集研发、设计、生产、物流和集中采购于一体的全方位管理体制，拥有员工14000余人，截至2012年3月在华销售额达14.78亿美元。

本着“回报社会、实践企业社会责任、创造社会需求”的企业理念，欧姆龙公司一直在增加障碍者就业机会等方面贡献自己的力量。欧姆龙集团于2005年9月召开的首次海外集团董事会议上一致决定在中国大陆6家生产工厂中积极雇用障碍者，到2008年3月，目标达到或超过中国国家法定比例。此外，在中国大陆欧姆龙生产工厂所在地区，从2005年开始连续3年向工厂当地福利机构捐助300万元人民币的善款，用于障碍者上岗培训。截至2010年3月，有近百名障碍员工活跃在欧姆龙的各个岗位上。

欧姆龙集团认为，“企业不仅仅是追求利润的，只有为社会做出贡献才具有存在的价值”，“企业是为社会做贡献的”。这是欧姆龙集团创始人立石一真先生的个人信念，也是欧姆龙集团世代传承的企业社会责任理念。欧姆龙集团为了不辜负利益相关者的期待，实现最合理化社会的可持续发展，以此作为企业理念，履行企业的社会责任。

企业在发展的同时，应该积极回报社会，只有对社会有益并得到社会信赖的企业才能长久发展下去。1972年，欧姆龙设立了世界上首家专为障碍者提供就业机会的工厂——欧姆龙太阳电机株式会社，也催生了后来更多的“轮椅上的工厂”。欧姆龙遵循了“授人以鱼不如授人以渔”的原则，帮助障碍者掌握工作技能，依靠自己的努力实现人生理想。在中国，他们以同样的理念，努力支持障碍者就业事业。

欧姆龙电子部件（深圳）有限公司自成立以来，积极聘用龙岗残联推荐的各社区经过康复训练具有工作能力的障碍者，并在日常工作中时刻关心障碍员工的生活起居，定期召开障碍员工座谈会，与障碍员工进行面对面的沟通，并且积极支持障碍员工的个人发展。深圳市残联根据2008年度深圳市按比例安排障碍者就业年度审核情况，严格审核申报材料，确定13家符合条件的用人单位为此项目的扶持对象，欧姆龙电子部件（深圳）有限公司被评选为“改善残疾人就业环境优秀企业”。

欧姆龙电子部件（深圳）有限公司积极支持障碍员工发挥自身特长，取得明显成效，并涌现出一批优秀的障碍员工。例如，公司录用的障碍者运动员萧彦红，在她积极拼搏、不懈进取下，获得了 2008 北京残奥会射箭女子团体反曲弓公开级金牌和女子个人反曲弓 1 级 / 坐姿 2 级铜牌。障碍员工傅小兰，是从大芬油画村走出来的障碍者画家，她依靠绘画和后天的努力，成为深圳第一位通过画工考试而取得入深圳户籍资格的障碍画工，目前她正在深圳职业技术学院进行高级动漫培训，努力为自身发展拓展更大空间。障碍者通过后天的拼搏努力，实现了自身的人生价值，对障碍者来说，在欧姆龙工作不是施舍，而是融入社会和自食其力的机会。欧姆龙将继续加强对障碍者就业工作的人力、资金的投入，选派优秀的障碍员工到日本欧姆龙太阳工厂进行参观研修，提高本地区障碍者的就业技能，促进障碍者更好地融入社会。

深圳是中国地区障碍者就业问题解决得相对较好的城市，除了因为深圳是改革开放的排头城市，有大量外企进驻带来了岗位之外，这些外企也身体力行地将融合发展的企业文化带入商圈，欧姆龙（中国）有限公司是外资企业中较早将障碍融合用工理念带进中国的。欧姆龙认为“身体残疾并不妨碍出色地工作，给予工作比给予同情更重要”。以往常常强调要障碍者“自强自立”，忽略了环境（尤其是人文）对其造成不可逾越的障碍，而欧姆龙为障碍者提供的用工环境不仅是硬件设施上的融合，更重要的是企业文化等软环境的融合，为障碍者的个人发展提供支持和空间。

第四节
公司社会责任对推动实现残障人士就业的作用

长期以来，社会的观念意识把残障问题的重心主要归咎于残障的悲剧性、缺陷性和个人责任。这样的思想意识，导致包括法律专业在内的学科专业发展在涉及残障方面的严重偏狭和缺失。《公约》所弘扬和敦促的以固有人权为原则的残障的社会模式，要求有关残障的法律研究与实践转向个体所处的文化、社会和政治环境。这样的转变，对于法律专业领域来说，促成两种融合：从残障切入的有关残障研究与公司社会责任的全面融合和由此而促进的残障的社会融合。

从现实的背景来说，截至2010年末，中国官方统计的残障人士总人数约8500万人。如果按照国际标准的残障人口比例占总人口的15%左右的基数统计，潜在的残障人口数量更多。中国残障人士数量之多和产生的社会影响之大不容忽视。从系统的就业和生活安置方面就能看出历史性的变化。中华人民共和国成立初期，城市的残障人士就业问题由各级政府和民政部门负责，提供包括生活供养、文化教育和疾病康复等服务的民政福利；农村由农村集体组织负责，提供统包统管的“五保”制度。以20世纪五六十年代成立的中国盲人聋哑人协会为例，其工作主要侧重于对语言和听力障碍的人群的扶助、收养和救济。上述政策的主导思路是对残障人士的体制外的慈善性帮扶。因此，这个群体在教育、职业培训和就业等生涯发展的重大方面面临排斥、误解和其他系统障碍。改革开放以来，社会对于残障事业的理解逐渐进步，残障人士的生存和发展问题受到越来越多的关注。在八二宪法中我国首次规定了“国家和社会帮助盲、聋、哑和其他有残疾公民的劳动、生活和教育”内容；1984年，中国残疾人福利基金会成立，提出“残疾人与健全人同样是物质文明和精神文明的创造者”。1991年起，国务院五年计划纲要以国家计划形式提出了“残疾人扶贫”的目标方针途径和措施，制定了“残疾人扶贫开发十年规划”，并将其纳入国家扶贫形式。

2004年3月14日，第十届全国人民代表大会第二次会议通过《宪法修正案》，将我国《宪法》第33条增加“国家尊重和保障人权”作为第3款。宪法确立人权保障原则，对推动我国人权事业的发展具有重要意义，也是我国在残障人权保障方面的里程碑。“人权入宪”以宪法的形式，将人权与公民的基本权利联系起来，使尊重和保障人权成为我国的价值目标，推动我国人权保障体系的发展。在“国家尊重和保障人权”的宪法原则指导下，我国制定了保障人权的法律法规，修订了不完善的相关法律法规，废止了与人权保障原则冲突的法律法规，并加入了与人权保障相关国际公约。2007 年 3 月 30 日，我国政府签署了联合国《残疾人权利国际公约》（以下简称《公约》）。《公约》规定缔约国应采取关键落实措施，保证国内标准及做法符合《公约》的原则和要求；2008 年 6 月 26 日，《公约》由全国人民代表大会常务委员会批准。

《公约》规定，“重申一切人权和基本自由都是普遍、不可分割、相互依存和相互关联的，必须保障残疾人不受歧视地充分享有这些权利和自由”，“确认残疾人是一个演变中的概念，残疾是伤残者和阻碍他们与其他人平等的基础上充分和切实地参加社会的各种态度和环境障碍相互作用所产生的结果”。《公约》整体上采用的是社会模式的视角去看待“残障”及“残障人权利”，认为残障是文化和社会结构框架下的产物，是人类自然、常态的和多样化的一部分。残障者是平等的社会和权利主体，他们在现实生活中所受到种种限制应归咎于在他们以平等的公民身份参与和贡献过程中所遭遇的种种社会障碍，而非他们本人的原因。在这种视角下，《公约》主张采取多学科的研究和实践对待残障问题，从而消除歧视和障碍。和《公约》对照，我国在残障权利的研究方面还远远没有达到要求。

《公约》倡导残障人士与其他人有平等的工作权，并明确其在开放、具有包容性和对障碍者不构成障碍的劳动力市场和工作环境中，自由选择工作的权利，由此符合公约宗旨的融合就业的理念开始受到广泛关注。融合就业强调整个社会各方的力量，消除基于残障的歧视，为残障人士在开放劳动市场谋得一份工作打开通道，并倡导为残障人士提供无障碍的工作环境和合理便利，帮助残障人士更好地融入社会生活。融合就业关注残障人士能做什么，而不因其不能做什么而将其拒之门外，提倡企业通过改造工作环境、提供合理便利来帮助残障人士达到工作岗位的要求，以实现残障人士在开放、包容的环境中找到适合自己的工作，进而获得职业上的提升和发展，并提高自身的生活水平，更加全面、平等地融入社会。

随着社会的发展以及公司社会责任的普及，越来越多的企业将认识到安排残疾人就业是公司社会责任的应有之义，残障人士并不会成为企业的累赘，而是企业发展所需要的人力资源的重要组成部分。

附　联合国《残疾人权利公约》[①]

序　言

本公约缔约国，

（一）回顾《联合国宪章》宣告的各项原则确认人类大家庭所有成员的固有尊严和价值以及平等和不可剥夺的权利，是世界自由、正义与和平的基础，

（二）确认联合国在《世界人权宣言》和国际人权公约中宣告并认定人人有权享有这些文书所载的一切权利和自由，不得有任何区别，

（三）重申一切人权和基本自由都是普遍、不可分割、相互依存和相互关联的，必须保障残疾人不受歧视地充分享有这些权利和自由，

（四）回顾《经济、社会、文化权利国际公约》、《公民及政

① 参见联合国网站，http://www.un.org/chinese/disabilities/convention/convention.htm（最后访问时间 2018 年 10 月 30 日）。

治权利国际公约》、《消除一切形式种族歧视国际公约》、《消除对妇女一切形式歧视公约》、《禁止酷刑和其他残忍、不人道或有辱人格的待遇或处罚公约》、《儿童权利公约》和《保护所有移徙工人及其家庭成员权利国际公约》，

（五）确认残疾是一个演变中的概念，残疾是伤残者和阻碍他们在与其他人平等的基础上充分和切实地参与社会的各种态度和环境障碍相互作用所产生的结果，

（六）确认《关于残疾人的世界行动纲领》和《残疾人机会均等标准规则》所载原则和政策导则在影响国家、区域和国际各级推行、制定和评价进一步增加残疾人均等机会的政策、计划、方案和行动方面的重要性，

（七）强调必须使残疾问题成为相关可持续发展战略的重要组成部分，

（八）又确认因残疾而歧视任何人是对人的固有尊严和价值的侵犯，

（九）还确认残疾人的多样性，

（十）确认必须促进和保护所有残疾人的人权，包括需要加强支助的残疾人的人权，

（十一）关注尽管有上述各项文书和承诺，残疾人作为平等社会成员参与方面继续面临各种障碍，残疾人的人权在世界各地继续受到侵犯，

（十二）确认国际合作对改善各国残疾人，尤其是发展中国

家残疾人的生活条件至关重要，

（十三）确认残疾人对其社区的全面福祉和多样性作出的和可能作出的宝贵贡献，并确认促进残疾人充分享有其人权和基本自由以及促进残疾人充分参与，将增强其归属感，大大推进整个社会的人的发展和社会经济发展以及除贫工作，

（十四）确认个人的自主和自立，包括自由作出自己的选择，对残疾人至关重要，

（十五）认为残疾人应有机会积极参与政策和方案的决策过程，包括与残疾人直接有关的政策和方案的决策过程，

（十六）关注因种族、肤色、性别、语言、宗教、政治或其他见解、民族本源、族裔、土著身份或社会出身、财产、出生、年龄或其他身份而受到多重或加重形式歧视的残疾人所面临的困难处境，

（十七）确认残疾妇女和残疾女孩在家庭内外往往面临更大的风险，更易遭受暴力、伤害或凌虐、忽视或疏忽、虐待或剥削，

（十八）确认残疾儿童应在与其他儿童平等的基础上充分享有一切人权和基本自由，并回顾《儿童权利公约》缔约国为此目的承担的义务，

（十九）强调必须将两性平等观点纳入促进残疾人充分享有人权和基本自由的一切努力之中，

（二十）着重指出大多数残疾人生活贫困，确认在这方面亟

需消除贫穷对残疾人的不利影响，

（二十一）铭记在恪守《联合国宪章》宗旨和原则并遵守适用的人权文书的基础上实现和平与安全，是充分保护残疾人，特别是在武装冲突和外国占领期间充分保护残疾人的必要条件，

（二十二）确认无障碍的物质、社会、经济和文化环境、医疗卫生和教育以及信息和交流，对残疾人能够充分享有一切人权和基本自由至关重要，

（二十三）认识到个人对他人和对本人所属社区负有义务，有责任努力促进和遵守《国际人权宪章》确认的权利，

（二十四）深信家庭是自然和基本的社会组合单元，有权获得社会和国家的保护，残疾人及其家庭成员应获得必要的保护和援助，使家庭能够为残疾人充分和平等地享有其权利作出贡献，

（二十五）深信一项促进和保护残疾人权利和尊严的全面综合国际公约将大有助于在发展中国家和发达国家改变残疾人在社会上的严重不利处境，促使残疾人有平等机会参与公民、政治、经济、社会和文化生活，

议定如下：

第一条

宗旨

本公约的宗旨是促进、保护和确保所有残疾人充分和平等地享有一切人权和基本自由，并促进对残疾人固有尊严的尊重。

残疾人包括肢体、精神、智力或感官有长期损伤的人，这些损伤与各种障碍相互作用，可能阻碍残疾人在与他人平等的基础上充分和切实地参与社会。

第二条

定义

为本公约的目的：

“交流”包括语言、字幕、盲文、触觉交流、大字本、无障碍多媒体以及书面语言、听力语言、浅白语言、朗读员和辅助或替代性交流方式、手段和模式，包括无障碍信息和通信技术；

“语言”包括口语和手语及其他形式的非语音语言；

“基于残疾的歧视”是指基于残疾而作出的任何区别、排斥或限制，其目的或效果是在政治、经济、社会、文化、公民或任何其他领域，损害或取消在与其他人平等的基础上，对一切人权和基本自由的认可、享有或行使。基于残疾的歧视包括一切形式的歧视，包括拒绝提供合理便利；

“合理便利”是指根据具体需要，在不造成过度或不当负担的情况下，进行必要和适当的修改和调整，以确保残疾人在与其他人平等的基础上享有或行使一切人权和基本自由；

“通用设计”是指尽最大可能让所有人可以使用，无需作出调整或特别设计的产品、环境、方案和服务设计。“通用设计”不排除在必要时为某些残疾人群体提供辅助用具。

第三条

一般原则

本公约的原则是：

（一）尊重固有尊严和个人自主，包括自由作出自己的选择，以及个人的自立；

（二）不歧视；

（三）充分和切实地参与和融入社会；

（四）尊重差异，接受残疾人是人的多样性的一部分和人类的一份子；

（五）机会均等；

（六）无障碍；

（七）男女平等；

（八）尊重残疾儿童逐渐发展的能力并尊重残疾儿童保持其身份特性的权利。

第四条

一般义务

一、缔约国承诺确保并促进充分实现所有残疾人的一切人权和基本自由，使其不受任何基于残疾的歧视。为此目的，缔约国承诺：

（一）采取一切适当的立法、行政和其他措施实施本公约确认的权利；

（二）采取一切适当措施，包括立法，以修订或废止构成歧视残疾人的现行法律、法规、习惯和做法；

（三）在一切政策和方案中考虑保护和促进残疾人的人权；

（四）不实施任何与本公约不符的行为或做法，确保公共当局和机构遵循本公约的规定行事；

（五）采取一切适当措施，消除任何个人、组织或私营企业基于残疾的歧视；

（六）从事或促进研究和开发本公约第二条所界定的通用设计的货物、服务、设备和设施，以便仅需尽可能小的调整和最低的费用即可满足残疾人的具体需要，促进这些货物、服务、设备和设施的提供和使用，并在拟订标准和导则方面提倡通用设计；

（七）从事或促进研究和开发适合残疾人的新技术，并促进提供和使用这些新技术，包括信息和通信技术、助行器具、用品、辅助技术，优先考虑价格低廉的技术；

（八）向残疾人提供无障碍信息，介绍助行器具、用品和辅助技术，包括新技术，并介绍其他形式的协助、支助服务和设施；

（九）促进培训协助残疾人的专业人员和工作人员，使他们了解本公约确认的权利，以便更好地提供这些权利所保障的协助和服务。

二、关于经济、社会和文化权利，各缔约国承诺尽量利用现有资源并于必要时在国际合作框架内采取措施，以期逐步充分实现这些权利，但不妨碍本公约中依国际法立即适用的义务。

三、缔约国应当在为实施本公约而拟订和施行立法和政策时以及在涉及残疾人问题的其他决策过程中，通过代表残疾人的组织，与残疾人，包括残疾儿童，密切协商，使他们积极参与。

四、本公约的规定不影响任何缔约国法律或对该缔约国生效的国际法中任何更有利于实现残疾人权利的规定。对于根据法律、公约、法规或习惯而在本公约任何缔约国内获得承认或存在的任何人权和基本自由，不得以本公约未予承认或未予充分承认这些权利或自由为借口而加以限制或减损。

五、本公约的规定应当无任何限制或例外地适用于联邦制国家各组成部分。

第五条

平等和不歧视

一、缔约国确认，在法律面前，人人平等，有权不受任何歧视地享有法律给予的平等保护和平等权益。

二、缔约国应当禁止一切基于残疾的歧视，保证残疾人获得平等和有效的法律保护，使其不受基于任何原因的歧视。

三、为促进平等和消除歧视，缔约国应当采取一切适当步骤，确保提供合理便利。

四、为加速或实现残疾人事实上的平等而必须采取的具体措施，不得视为本公约所指的歧视。

第六条

残疾妇女

一、缔约国确认残疾妇女和残疾女孩受到多重歧视，在这方面，应当采取措施，确保她们充分和平等地享有一切人权和基本自由。

二、缔约国应当采取一切适当措施，确保妇女充分发展，地位得到提高，能力得到增强，目的是保证妇女能行使和享有本公约所规定的人权和基本自由。

第七条

残疾儿童

一、缔约国应当采取一切必要措施，确保残疾儿童在与其他儿童平等的基础上，充分享有一切人权和基本自由。

二、在一切关于残疾儿童的行动中，应当以儿童的最佳利益为一项首要考虑。

三、缔约国应当确保，残疾儿童有权在与其他儿童平等的基础上，就一切影响本人的事项自由表达意见，并获得适合其残疾状况和年龄的辅助手段以实现这项权利，残疾儿童的意见应当按其年龄和成熟程度适当予以考虑。

第八条

提高认识

一、缔约国承诺立即采取有效和适当的措施，以便：

（一）提高整个社会，包括家庭，对残疾人的认识，促进对残疾人权利和尊严的尊重；

（二）在生活的各个方面消除对残疾人的定见、偏见和有害做法，包括基于性别和年龄的定见、偏见和有害做法；

（三）提高对残疾人的能力和贡献的认识。

二、为此目的采取的措施包括：

（一）发起和持续进行有效的宣传运动，提高公众认识，以便：

1. 培养接受残疾人权利的态度；

2. 促进积极看待残疾人，提高社会对残疾人的了解；

3. 促进承认残疾人的技能、才华和能力以及他们对工作场所和劳动力市场的贡献；

（二）在各级教育系统中培养尊重残疾人权利的态度，包括从小在所有儿童中培养这种态度；

（三）鼓励所有媒体机构以符合本公约宗旨的方式报道残疾人；

（四）推行了解残疾人和残疾人权利的培训方案。

第九条

无障碍

一、为了使残疾人能够独立生活和充分参与生活的各个方面，缔约国应当采取适当措施，确保残疾人在与其他人平等的基础上，无障碍地进出物质环境，使用交通工具，利用信息和通信，包括信息和通信技术和系统，以及享用在城市和农村地区向公众开放或提供的其他设施和服务。这些措施应当包括查明和消除阻碍实现无障碍环境的因素，并除其他外，应当适用于：

（一）建筑、道路、交通和其他室内外设施，包括学校、住房、医疗设施和工作场所；

（二）信息、通信和其他服务，包括电子服务和应急服务。

二、缔约国还应当采取适当措施，以便：

（一）拟订和公布无障碍使用向公众开放或提供的设施和服务的最低标准和导则，并监测其实施情况；

（二）确保向公众开放或为公众提供设施和服务的私营实体在各个方面考虑为残疾人创造无障碍环境；

（三）就残疾人面临的无障碍问题向各有关方面提供培训；

（四）在向公众开放的建筑和其他设施中提供盲文标志及易读易懂的标志；

（五）提供各种形式的现场协助和中介，包括提供向导、朗读员和专业手语译员，以利向公众开放的建筑和其他设施的无障碍；

（六）促进向残疾人提供其他适当形式的协助和支助，以确保残疾人获得信息；

（七）促使残疾人有机会使用新的信息和通信技术和系统，包括因特网；

（八）促进在早期阶段设计、开发、生产、推行无障碍信息和通信技术和系统，以便能以最低成本使这些技术和系统无障碍。

第十条

生命权

缔约国重申人人享有固有的生命权，并应当采取一切必要措施，确保残疾人在与其他人平等的基础上切实享有这一权利。

第十一条

危难情况和人道主义紧急情况

缔约国应当依照国际法包括国际人道主义法和国际人权法规定的义务，采取一切必要措施，确保在危难情况下，包括在发生武装冲突、人道主义紧急情况和自然灾害时，残疾人获得保护和安全。

第十二条

在法律面前获得平等承认

一、缔约国重申残疾人享有在法律面前的人格在任何地方均获得承认的权利。

二、缔约国应当确认残疾人在生活的各方面在与其他人平等的基础上享有法律权利能力。

三、缔约国应当采取适当措施，便利残疾人获得他们在行使其法律权利能力时可能需要的协助。

四、缔约国应当确保，与行使法律权利能力有关的一切措施，均依照国际人权法提供适当和有效的防止滥用保障。这些保障应当确保与行使法律权利能力有关的措施尊重本人的权利、意愿和选择，无利益冲突和不当影响，适应本人情况，适用时间尽可能短，并定期由一个有资格、独立、公正的当局或司法机构复核。提供的保障应当与这些措施影响个人权益的程度相称。

五、在符合本条的规定的情况下，缔约国应当采取一切适当和有效的措施，确保残疾人享有平等权利拥有或继承财产，掌管自己的财务，有平等机会获得银行贷款、抵押贷款和其他形式的金融信贷，并应当确保残疾人的财产不被任意剥夺。

第十三条

获得司法保护

一、缔约国应当确保残疾人在与其他人平等的基础上有效获得司法保护，包括通过提供程序便利和适龄措施，以便利他们在所有法律诉讼程序中，包括在调查和其他初步阶段中，切实发挥其作为直接和间接参与方，包括其作为证人的作用。

二、为了协助确保残疾人有效获得司法保护，缔约国应当促进对司法领域工作人员，包括警察和监狱工作人员进行适当的培训。

第十四条

自由和人身安全

一、缔约国应当确保残疾人在与其他人平等的基础上：

（一）享有自由和人身安全的权利；

（二）不被非法或任意剥夺自由，任何对自由的剥夺均须符合法律规定，而且在任何情况下均不得以残疾作为剥夺自由的理由。

二、缔约国应当确保，在任何程序中被剥夺自由的残疾人，在与其他人平等的基础上，有权获得国际人权法规定的保障，并应当享有符合本公约宗旨和原则的待遇，包括提供合理便利的待遇。

第十五条

免于酷刑或残忍、不人道或有辱人格的待遇或处罚

一、不得对任何人实施酷刑或残忍、不人道或有辱人格的待遇或处罚。特别是不得在未经本人自由同意的情况下，对任何人进行医学或科学试验。

二、缔约国应当采取一切有效的立法、行政、司法或其他措施，在与其他人平等的基础上，防止残疾人遭受酷刑或残忍、不人道或有辱人格的待遇或处罚。

第十六条

免于剥削、暴力和凌虐

一、缔约国应当采取一切适当的立法、行政、社会、教育和其他措施，保护残疾人在家庭内外免遭一切形式的剥削、暴力和

凌虐，包括基于性别的剥削、暴力和凌虐。

二、缔约国还应当采取一切适当措施防止一切形式的剥削、暴力和凌虐，除其他外，确保向残疾人及其家属和照护人提供考虑到性别和年龄的适当协助和支助，包括提供信息和教育，说明如何避免、识别和报告剥削、暴力和凌虐事件。缔约国应当确保保护服务考虑到年龄、性别和残疾因素。

三、为了防止发生任何形式的剥削、暴力和凌虐，缔约国应当确保所有用于为残疾人服务的设施和方案受到独立当局的有效监测。

四、残疾人受到任何形式的剥削、暴力或凌虐时，缔约国应当采取一切适当措施，包括提供保护服务，促进被害人的身体、认知功能和心理的恢复、康复及回归社会。上述恢复措施和回归社会措施应当在有利于本人的健康、福祉、自尊、尊严和自主的环境中进行，并应当考虑到因性别和年龄而异的具体需要。

五、缔约国应当制定有效的立法和政策，包括以妇女和儿童为重点的立法和政策，确保查明、调查和酌情起诉对残疾人的剥削、暴力和凌虐事件。

第十七条

保护人身完整性

每个残疾人的身心完整性有权在与其他人平等的基础上获得

尊重。

第十八条

迁徙自由和国籍

一、缔约国应当确认残疾人在与其他人平等的基础上有权自由迁徙、自由选择居所和享有国籍，包括确保残疾人：

（一）有权获得和变更国籍，国籍不被任意剥夺或因残疾而被剥夺；

（二）不因残疾而被剥夺获得、拥有和使用国籍证件或其他身份证件的能力，或利用相关程序，如移民程序的能力，这些能力可能是便利行使迁徙自由权所必要的；

（三）可以自由离开任何国家，包括本国在内；

（四）不被任意剥夺或因残疾而被剥夺进入本国的权利。

二、残疾儿童出生后应当立即予以登记，从出生起即应当享有姓名权利，享有获得国籍的权利，并尽可能享有知悉父母并得到父母照顾的权利。

第十九条

独立生活和融入社区

本公约缔约国确认所有残疾人享有在社区中生活的平等权利以及与其他人同等的选择，并应当采取有效和适当的措施，以便利残疾人充分享有这项权利以及充分融入和参与社区，包括确保：

（一）残疾人有机会在与其他人平等的基础上选择居所，选择在何处、与何人一起生活，不被迫在特定的居住安排中生活；

（二）残疾人获得各种居家、住所和其他社区支助服务，包括必要的个人援助，以便在社区生活和融入社区，避免同社区隔绝或隔离；

（三）残疾人可以在平等基础上享用为公众提供的社区服务和设施，并确保这些服务和设施符合他们的需要。

第二十条

个人行动能力

缔约国应当采取有效措施，确保残疾人尽可能独立地享有个人行动能力，包括：

（一）便利残疾人按自己选择的方式和时间，以低廉费用享有个人行动能力；

（二）便利残疾人获得优质的助行器具、用品、辅助技术以及各种形式的现场协助和中介，包括以低廉费用提供这些服务；

（三）向残疾人和专门协助残疾人的工作人员提供行动技能培训；

（四）鼓励生产助行器具、用品和辅助技术的实体考虑残疾人行动能力的各个方面。

第二十一条

表达意见的自由和获得信息的机会

缔约国应当采取一切适当措施，包括下列措施，确保残疾人能够行使自由表达意见的权利，包括在与其他人平等的基础上，通过自行选择本公约第二条所界定的一切交流形式，寻求、接受、传递信息和思想的自由：

（一）以无障碍模式和适合不同类别残疾的技术，及时向残疾人提供公共信息，不另收费；

（二）在正式事务中允许和便利使用手语、盲文、辅助和替代性交流方式及残疾人选用的其他一切无障碍交流手段、方式和模式；

（三）敦促向公众提供服务，包括通过因特网提供服务的私营实体，以无障碍和残疾人可以使用的模式提供信息和服务；

（四）鼓励包括因特网信息提供商在内的大众媒体向残疾人提供无障碍服务；

（五）承认和推动手语的使用。

第二十二条

尊重隐私

一、残疾人，不论其居所地或居住安排为何，其隐私、家庭、家居和通信以及其他形式的交流，不得受到任意或非法的干预，其荣誉和名誉也不得受到非法攻击。残疾人有权获得法律的保护，不受这种干预或攻击。

二、缔约国应当在与其他人平等的基础上保护残疾人的个人、健康和康复资料的隐私。

第二十三条

尊重家居和家庭

一、缔约国应当采取有效和适当的措施，在涉及婚姻、家庭、生育和个人关系的一切事项中，在与其他人平等的基础上，消除对残疾人的歧视，以确保：

（一）所有适婚年龄的残疾人根据未婚配偶双方自由表示的充分同意结婚和建立家庭的权利获得承认；

（二）残疾人自由、负责任地决定子女人数和生育间隔，获得适龄信息、生殖教育和计划生育教育的权利获得承认，并提供必要手段使残疾人能够行使这些权利；

（三）残疾人，包括残疾儿童，在与其他人平等的基础上，保留其生育力。

二、如果本国立法中有监护、监管、托管和领养儿童或类似的制度，缔约国应当确保残疾人在这些方面的权利和责任；在任何情况下均应当以儿童的最佳利益为重。缔约国应当适当协助残疾人履行其养育子女的责任。

三、缔约国应当确保残疾儿童在家庭生活方面享有平等权利。为了实现这些权利，并为了防止隐藏、遗弃、忽视和隔离残疾儿童，缔约国应当承诺及早向残疾儿童及其家属提供全面的信息、服务和支助。

四、缔约国应当确保不违背儿童父母的意愿使子女与父母分离，除非主管当局依照适用的法律和程序，经司法复核断定这种分离确有必要，符合儿童本人的最佳利益。在任何情况下均不得以子女残疾或父母一方或双方残疾为理由，使子女与父母分离。

五、缔约国应当在近亲属不能照顾残疾儿童的情况下，尽一切努力在大家庭范围内提供替代性照顾，并在无法提供这种照顾时，在社区内提供家庭式照顾。

第二十四条

教育

一、缔约国确认残疾人享有受教育的权利。为了在不受歧视和机会均等的情况下实现这一权利，缔约国应当确保在各级教育实行包容性教育制度和终生学习，以便：

（一）充分开发人的潜力，培养自尊自重精神，加强对人权、基本自由和人的多样性的尊重；

（二）最充分地发展残疾人的个性、才华和创造力以及智能和体能；

（三）使所有残疾人能切实参与一个自由的社会。

二、为了实现这一权利，缔约国应当确保：

（一）残疾人不因残疾而被排拒于普通教育系统之外，残疾儿童不因残疾而被排拒于免费和义务初等教育或中等教育之外；

（二）残疾人可以在自己生活的社区内，在与其他人平等的基础上，获得包容性的优质免费初等教育和中等教育；

（三）提供合理便利以满足个人的需要；

（四）残疾人在普通教育系统中获得必要的支助，便利他们切实获得教育；

（五）按照有教无类的包容性目标，在最有利于发展学习和社交能力的环境中，提供适合个人情况的有效支助措施。

三、缔约国应当使残疾人能够学习生活和社交技能，便利他们充分和平等地参与教育和融入社区。为此目的，缔约国应当采取适当措施，包括：

（一）为学习盲文，替代文字，辅助和替代性交流方式、手段和模式，定向和行动技能提供便利，并为残疾人之间的相互支持和指导提供便利；

（二）为学习手语和宣传聋人的语言特性提供便利；

（三）确保以最适合个人情况的语文及交流方式和手段，在最有利于发展学习和社交能力的环境中，向盲、聋或聋盲人，特别是盲、聋或聋盲儿童提供教育。

四、为了帮助确保实现这项权利，缔约国应当采取适当措施，聘用有资格以手语和（或）盲文教学的教师，包括残疾教师，并对各级教育的专业人员和工作人员进行培训。这种培训应当包括对残疾的了解和学习使用适当的辅助和替代性交流方式、手段和模式、教育技巧和材料以协助残疾人。

五、缔约国应当确保，残疾人能够在不受歧视和与其他人平等的基础上，获得普通高等教育、职业培训、成人教育和终生学习。为此目的，缔约国应当确保向残疾人提供合理便利。

第二十五条

健康

缔约国确认，残疾人有权享有可达到的最高健康标准，不受基于残疾的歧视。缔约国应当采取一切适当措施，确保残疾人获得考虑到性别因素的医疗卫生服务，包括与健康有关的康复服务。缔约国尤其应当：

（一）向残疾人提供其他人享有的，在范围、质量和标准方面相同的免费或费用低廉的医疗保健服务和方案，包括在性健康和生殖健康及全民公共卫生方案方面；

（二）向残疾人提供残疾特需医疗卫生服务，包括酌情提供早期诊断和干预，并提供旨在尽量减轻残疾和预防残疾恶化的服务，包括向儿童和老年人提供这些服务；

（三）尽量就近在残疾人所在社区，包括在农村地区，提供这些医疗卫生服务；

（四）要求医护人员，包括在征得残疾人自由表示的知情同意基础上，向残疾人提供在质量上与其他人所得相同的护理，特别是通过提供培训和颁布公共和私营医疗保健服务职业道德标准，提高对残疾人人权、尊严、自主和需要的认识；

（五）在提供医疗保险和国家法律允许的人寿保险方面禁止歧视残疾人，这些保险应当以公平合理的方式提供；

（六）防止基于残疾而歧视性地拒绝提供医疗保健或医疗卫生服务，或拒绝提供食物和液体。

第二十六条

适应训练和康复

一、缔约国应当采取有效和适当的措施，包括通过残疾人相互支持，使残疾人能够实现和保持最大程度的自立，充分发挥和维持体能、智能、社会和职业能力，充分融入和参与生活的各个方面。为此目的，缔约国应当组织、加强和推广综合性适应训练和康复服务和方案，尤其是在医疗卫生、就业、教育和社会服务方面，这些服务和方案应当：

（一）根据对个人需要和体能的综合评估尽早开始；

（二）有助于残疾人参与和融入社区和社会的各个方面，属自愿性质，并尽量在残疾人所在社区，包括农村地区就近安排。

二、缔约国应当促进为从事适应训练和康复服务的专业人员和工作人员制订基础培训和进修培训计划。

三、在适应训练和康复方面，缔约国应当促进提供为残疾人设计的辅助用具和技术以及对这些用具和技术的了解和使用。

第二十七条

工作和就业

一、缔约国确认残疾人在与其他人平等的基础上享有工作权，包括有机会在开放、具有包容性和对残疾人不构成障碍的劳动力市场和工作环境中，为谋生自由选择或接受工作的权利。为保障和促进工作权的实现，包括在就业期间致残者的工作权的实现，缔约国应当采取适当步骤，包括通过立法，除其他外：

（一）在一切形式就业的一切事项上，包括在征聘、雇用和就业条件、继续就业、职业提升以及安全和健康的工作条件方面，禁止基于残疾的歧视；

（二）保护残疾人在与其他人平等的基础上享有公平和良好的工作条件，包括机会均等和同值工作同等报酬的权利，享有安全和健康的工作环境，包括不受搔扰的权利，并享有申诉的权利；

（三）确保残疾人能够在与其他人平等的基础上行使工会权；

（四）使残疾人能够切实参加一般技术和职业指导方案，获得职业介绍服务、职业培训和进修培训；

（五）在劳动力市场上促进残疾人的就业机会和职业提升机会，协助残疾人寻找、获得、保持和恢复工作；

（六）促进自营就业、创业经营、创建合作社和个体开业的机会；

（七）在公共部门雇用残疾人；

（八）以适当的政策和措施，其中可以包括平权行动方案、奖励和其他措施，促进私营部门雇用残疾人；

（九）确保在工作场所为残疾人提供合理便利；

（十）促进残疾人在开放劳动力市场上获得工作经验；

（十一）促进残疾人的职业和专业康复服务、保留工作和恢复工作方案。

二、缔约国应当确保残疾人不被奴役或驱役，并在与其他人平等的基础上受到保护，不被强迫或强制劳动。

第二十八条

适足的生活水平和社会保护

一、缔约国确认残疾人有权为自己及其家属获得适足的生活水平，包括适足的食物、衣物、住房，以及不断改善生活条件；缔约国应当采取适当步骤，保障和促进在不受基于残疾的歧视的情况下实现这项权利。

二、缔约国确认残疾人有权获得社会保护，并有权在不受基于残疾的歧视的情况下享有这项权利；缔约国应当采取适当步骤，保障和促进这项权利的实现，包括采取措施：

（一）确保残疾人平等地获得洁净供水，并且确保他们获得适当和价格低廉的服务、用具和其他协助，以满足与残疾有关的需要；

（二）确保残疾人，尤其是残疾妇女、女孩和老年人，可以利用社会保护方案和减贫方案；

（三）确保生活贫困的残疾人及其家属，在与残疾有关的费用支出，包括适足的培训、辅导、经济援助和临时护理方面，可以获得国家援助；

（四）确保残疾人可以参加公共住房方案；

（五）确保残疾人可以平等享受退休福利和参加退休方案。

第二十九条

参与政治和公共生活

缔约国应当保证残疾人享有政治权利，有机会在与其他人平等的基础上享受这些权利，并应当承诺：

（一）确保残疾人能够在与其他人平等的基础上，直接或通过其自由选择的代表，有效和充分地参与政治和公共生活，包括确保残疾人享有选举和被选举的权利和机会，除其他外，采取措施：

1. 确保投票程序、设施和材料适当、无障碍、易懂易用；

2. 保护残疾人的权利，使其可以在选举或公投中不受威吓地采用无记名方式投票、参选、在各级政府实际担任公职和履行一切公共职务，并酌情提供使用辅助技术和新技术的便利；

3. 保证残疾人作为选民能够自由表达意愿，并在必要时根据残疾人的要求，为此目的允许残疾人自行选择的人协助投票；

（二）积极创造环境，使残疾人能够不受歧视地在与其他人平等的基础上有效和充分地参与处理公共事务，并鼓励残疾人参与公共事务，包括：

1. 参与涉及本国公共和政治生活的非政府组织和社团，参加政党的活动和管理；

2. 建立和加入残疾人组织，在国际、全国、地区和地方各级代表残疾人。

第三十条

参与文化生活、娱乐、休闲和体育活动

一、缔约国确认残疾人有权在与其他人平等的基础上参与文化生活，并应当采取一切适当措施，确保残疾人：

（一）获得以无障碍模式提供的文化材料；

（二）获得以无障碍模式提供的电视节目、电影、戏剧和其他文化活动；

（三）进出文化表演或文化服务场所，例如剧院、博物馆、电影院、图书馆、旅游服务场所，并尽可能地可以进出在本国文化中具有重要意义的纪念物和纪念地。

二、缔约国应当采取适当措施，使残疾人能够有机会为自身利益并为充实社会，发展和利用自己的创造、艺术和智力潜力。

三、缔约国应当采取一切适当步骤，依照国际法的规定，确保保护知识产权的法律不构成不合理或歧视性障碍，阻碍残疾人获得文化材料。

四、残疾人特有的文化和语言特性，包括手语和聋文化，应当有权在与其他人平等的基础上获得承认和支持。

五、为了使残疾人能够在与其他人平等的基础上参加娱乐、休闲和体育活动，缔约国应当采取适当措施，以便：

（一）鼓励和促进残疾人尽可能充分地参加各级主流体育活动；

（二）确保残疾人有机会组织、发展和参加残疾人专项体育、娱乐活动，并为此鼓励在与其他人平等的基础上提供适当指导、训练和资源；

（三）确保残疾人可以使用体育、娱乐和旅游场所；

（四）确保残疾儿童享有与其他儿童一样的平等机会参加游戏、娱乐和休闲以及体育活动，包括在学校系统参加这类活动；

（五）确保残疾人可以获得娱乐、旅游、休闲和体育活动的组织人提供的服务。

第三十一条

统计和数据收集

一、缔约国承诺收集适当的信息，包括统计和研究数据，以便制定和实施政策，落实本公约。收集和维持这些信息的工作应当：

（一）遵行法定保障措施，包括保护数据的立法，实行保密和尊重残疾人的隐私；

（二）遵行保护人权和基本自由的国际公认规范以及收集和使用统计数据的道德原则。

二、依照本条规定收集的信息应当酌情分组，用于协助评估本公约规定的缔约国义务的履行情况，查明和清除残疾人在行使其权利时遇到的障碍。

三、缔约国应当负责传播这些统计数据，确保残疾人和其他人可以使用这些统计数据。

第三十二条

国际合作

一、缔约国确认必须开展和促进国际合作，支持国家为实现本公约的宗旨和目的而作出的努力，并将为此在双边和多边的范围内采取适当和有效的措施，并酌情与相关国际和区域组织及民间社会，特别是与残疾人组织，合作采取这些措施。除其他外，这些措施可包括：

（一）确保包容和便利残疾人参与国际合作，包括国际发展方案；

（二）促进和支持能力建设，如交流和分享信息、经验、培训方案和最佳做法；

（三）促进研究方面的合作，便利科学技术知识的获取；

（四）酌情提供技术和经济援助，包括便利获取和分享无障碍技术和辅助技术以及通过技术转让提供这些援助。

二、本条的规定不妨害各缔约国履行其在本公约下承担的义务。

第三十三条

国家实施和监测

一、缔约国应当按照本国建制，在政府内指定一个或多个协调中心，负责有关实施本公约的事项，并应当适当考虑在政府内设立或指定一个协调机制，以便利在不同部门和不同级别采取有关行动。

二、缔约国应当按照本国法律制度和行政制度，酌情在国内维持、加强、指定或设立一个框架，包括一个或多个独立机制，以促进、保护和监测本公约的实施。在指定或建立这一机制时，缔约国应当考虑与保护和促进人权的国家机构的地位和运作有关的原则。

三、民间社会，特别是残疾人及其代表组织，应当获邀参加并充分参与监测进程。

第三十四条

残疾人权利委员会

一、应当设立一个残疾人权利委员会（以下称“委员会”），履行下文规定的职能。

二、在本公约生效时，委员会应当由十二名专家组成。在公约获得另外六十份批准书或加入书后，委员会应当增加六名成员，以足十八名成员之数。

三、委员会成员应当以个人身份任职，品德高尚，在本公约所涉领域具有公认的能力和经验。缔约国在提名候选人时，务请适当考虑本公约第四条第三款的规定。

四、委员会成员由缔约国选举，选举须顾及公平地域分配原则，各大文化和各主要法系的代表性，男女成员人数的均衡性以及残疾人专家的参加。

五、应当在缔约国会议上，根据缔约国提名的本国国民名单，以无记名投票选举委员会成员。这些会议以三分之二的缔约国构成法定人数，得票最多和获得出席并参加表决的缔约国代表的绝对多数票者，当选为委员会成员。

六、首次选举至迟应当在本公约生效之日后六个月内举行。每次选举，联合国秘书长至迟应当在选举之日前四个月函请缔约国在两个月内递交提名人选。秘书长随后应当按英文字母次序编制全体被提名人名单，注明提名缔约国，分送本公约缔约国。

七、当选的委员会成员任期四年，可以连选连任一次。但是，在第一次选举当选的成员中，六名成员的任期应当在两年后届满；本条第五款所述会议的主席应当在第一次选举后，立即抽签决定这六名成员。

八、委员会另外六名成员的选举应当依照本条的相关规定，在正常选举时举行。

九、如果委员会成员死亡或辞职或因任何其他理由而宣称无法继续履行其职责，提名该成员的缔约国应当指定一名具备本条相关规定所列资格并符合有关要求的专家，完成所余任期。

十、委员会应当自行制定议事规则。

十一、联合国秘书长应当为委员会有效履行本公约规定的职能提供必要的工作人员和便利，并应当召开委员会的首次会议。

十二、考虑到委员会责任重大，经联合国大会核准，本公约设立的委员会的成员，应当按大会所定条件，从联合国资源领取薪酬。

十三、委员会成员应当有权享有联合国特派专家根据《联合国特权和豁免公约》相关章节规定享有的便利、特权和豁免。

第三十五条

缔约国提交的报告

一、各缔约国在本公约对其生效后两年内，应当通过联合国秘书长，向委员会提交一份全面报告，说明为履行本公约规定的义务而采取的措施和在这方面取得的进展。

二、其后，缔约国至少应当每四年提交一次报告，并在委员会提出要求时另外提交报告。

三、委员会应当决定适用于报告内容的导则。

四、已经向委员会提交全面的初次报告的缔约国，在其后提交的报告中，不必重复以前提交的资料。缔约国在编写给委员会的报告时，务请采用公开、透明的程序，并适当考虑本公约第四条第三款的规定。

五、报告可以指出影响本公约所定义务履行程度的因素和困难。

第三十六条

报告的审议

一、委员会应当审议每一份报告，并在委员会认为适当时，对报告提出提议和一般建议，将其送交有关缔约国。缔约国可以自行决定向委员会提供任何资料作为回复。委员会可以请缔约国提供与实施本公约相关的进一步资料。

二、对于严重逾期未交报告的缔约国，委员会可以通知有关缔约国，如果在发出通知后的三个月内仍未提交报告，委员会必须根据手头的可靠资料，审查该缔约国实施本公约的情况。委员会应当邀请有关缔约国参加这项审查工作。如果缔约国作出回复，提交相关报告，则适用本条第一款的规定。

三、联合国秘书长应当向所有缔约国提供上述报告。

四、缔约国应当向国内公众广泛提供本国报告，并便利获取有关这些报告的提议和一般建议。

五、委员会应当在其认为适当时，把缔约国的报告转交联合国专门机构、基金和方案以及其他主管机构，以便处理报告中就技术咨询或协助提出的请求或表示的需要，同时附上委员会可能对这些请求或需要提出的意见和建议。

第三十七条

缔约国与委员会的合作

一、各缔约国应当与委员会合作，协助委员会成员履行其任务。

二、在与缔约国的关系方面，委员会应当适当考虑提高各国实施本公约的能力的途径和手段，包括为此开展国际合作。

第三十八条

委员会与其他机构的关系

为了促进本公约的有效实施和鼓励在本公约所涉领域开展国际合作：

（一）各专门机构和其他联合国机构应当有权派代表列席审议本公约中属于其职权范围的规定的实施情况。委员会可以在其认为适当时，邀请专门机构和其他主管机构就公约在各自职权范围所涉领域的实施情况提供专家咨询意见。委员会可以邀请专门机构和其他联合国机构提交报告，说明公约在其活动范围所涉领域的实施情况；

（二）委员会在履行任务时，应当酌情咨询各国际人权条约设立的其他相关机构的意见，以便确保各自的报告编写导则、提议和一般建议的一致性，避免在履行职能时出现重复和重叠。

第三十九条

委员会报告

委员会应当每两年一次向大会和经济及社会理事会提出关于其活动的报告，并可以在审查缔约国提交的报告和资料的基础上，提出提议和一般建议。这些提议和一般建议应当连同缔约国可能作出的任何评论，一并列入委员会报告。

第四十条

缔约国会议

一、缔约国应当定期举行缔约国会议，以审议与实施本公约有关的任何事项。

二、联合国秘书长至迟应当在本公约生效后六个月内召开缔约国会议。其后，秘书长应当每两年一次，或根据缔约国会议的决定，召开会议。

第四十一条

保存人

联合国秘书长为本公约的保存人。

第四十二条

签署

本公约自二〇〇七年三月三十日起在纽约联合国总部开放给

所有国家和区域一体化组织签署。

第四十三条

同意接受约束

本公约应当经签署国批准和经签署区域一体化组织正式确认，并应当开放给任何没有签署公约的国家或区域一体化组织加入。

第四十四条

区域一体化组织

一、“区域一体化组织”是指由某一区域的主权国家组成的组织，其成员国已将本公约所涉事项方面的权限移交该组织。这些组织应当在其正式确认书或加入书中声明其有关本公约所涉事项的权限范围。此后，这些组织应当将其权限范围的任何重大变更通知保存人。

二、本公约提及“缔约国”之处，在上述组织的权限范围内，应当适用于这些组织。

三、为本公约第四十五条第一款和第四十七条第二款和第三款的目的，区域一体化组织交存的任何文书均不在计算之列。

四、区域经济一体化组织可以在缔约国会议上，对其权限范围内的事项行使表决权，其票数相当于已成为本公约缔约国的组织成员国的数目。如果区域一体化组织的任何成员国行使表决权，则该组织不得行使表决权，反之亦然。

第四十五条

生效

一、本公约应当在第二十份批准书或加入书交存后的第三十天生效。

二、对于在第二十份批准书或加入书交存后批准、正式确认或加入的国家或区域一体化组织，本公约应当在该国或组织交存各自的批准书、正式确认书或加入书后的第三十天生效。

第四十六条

保留

一、保留不得与本公约的目的和宗旨不符。

二、保留可随时撤回。

第四十七条

修正

一、任何缔约国均可以对本公约提出修正案，提交联合国秘书长。秘书长应当将任何提议修正案通告缔约国，请缔约国通知是否赞成召开缔约国会议以审议提案并就提案作出决定。在上述通告发出之日后的四个月内，如果有至少三分之一的缔约国赞成召开缔约国会议，秘书长应当在联合国主持下召开会议。经出席并参加表决的缔约国三分之二多数通过的任何修正案应当由秘书长提交联合国大会核可，然后提交所有缔约国接受。

二、依照本条第一款的规定通过和核可的修正案，应当在交存的接受书数目达到修正案通过之日缔约国数目的三分之二后的第三十天生效。此后，修正案应当在任何缔约国交存其接受书后的第三十天对该国生效。修正案只对接受该项修正案的缔约国具有约束力。

三、经缔约国会议协商一致决定，依照本条第一款的规定通过和核可但仅涉及第三十四条、第三十八条、第三十九条和第四十条的修正案，应当在交存的接受书数目达到修正案通过之日缔约国数目的三分之二后的第三十天对所有缔约国生效。

第四十八条

退约

缔约国可以书面通知联合国秘书长退出本公约。退约应当在秘书长收到通知之日起一年后生效。

第四十九条

无障碍模式

应当以无障碍模式提供本公约文本。

第五十条

作准文本

本公约的阿拉伯文、中文、英文、法文、俄文和西班牙文文本同等作准。

下列签署人经各自政府正式授权在本公约上签字，以昭信守。

结　语

1861年，英国法律史学家梅因提出，人类社会刚刚发生了一场影响深远的“从身份到契约”的转变。然而，人类的社会生活刚刚从血缘、身份决定阶段走出不久，19世纪末的大规模工业化又在人类社会的发展中开启了新的篇章。人类社会在尚未完全实现基于双边契约式的个人平等时，迅即被抛入一个基于经济组织结构的社会中。如果说19世纪的民法典把人设定为彼此并不隶属、独立决定的个体，社会自身却演进到一个让人们互相依赖、经验“命令与服从”的阶段，人们根据自己在公司中的角色受到激励、承担责任。

在此历史背景下，我们可以把公司社会责任的法律化进程看作是法律面对这种基于经济组织结构的社会的逐渐调整和适应的过程。经济和法律理论中把公司看作是股东私有的、自愿的联合，掩盖了这样一个社会巨变。对公司社会责任的弗里德曼式的认知，正是基于上述并不准确、引人误解的对公司的观念。如果把公司看作股东的私有财产，而且股东与其他相关方仅有的关系是利益冲突，这种分离就只能用代理成本的视角观察。但是，当代法律经济学理论家强调的股东所有权理论，却没能解决常常见诸媒体的高管薪酬、公司短期利益导向、管理层受到利润诱惑而无法无天的问题。

与上述公司股东所有理论相对的是公司的政治理论。这一理论起始于对公司历史的考察。早期的公司是通过公共权力的特许、依照公司章程产生的组织，它的全部权利都是从章程中获得。正如马歇尔大法官在达特茅斯案中所指出的，“公司是一个人造物，它看不见、摸不着，只存在于法律的构建之中。公司只不过是法律的产物，它拥有的这些特性，都是由公司章程创造并赋予它的”①（*Dartmouth College v.Woodward 1819*）。这一理论的主张者认为，公司的历史演进并未削减这一实质，换言之，当代的公司本质上仍然是公共性的。如果公司的本质在于其公共性，就应当向公众承担高度的责任。公司承担社会责任是其存在的合法性依据，这也是在两个多世纪前欧洲最早的商业公司获得特许的理由。只有承诺了明确的公共利益之后，公司才可获得许可证，公司的章程规范公司的行为（通常很严格）以保证这一承诺得以充分实现。到了当代，理论家们发掘公司的公共性本质，也是期待公共权力对公司承担社会责任的推动更有合法性。

① Trustees of Dartmouth College v. Woodward，17 U.S.（4 Wheat.）518（1819）.

本书的讨论承续后者。作者认为，强调公司的公共性本质，实际上与主张股东利益和社会利益的根本一致类似。这与本书的主张，即公司社会责任最终是建立在股东利益和社会利益的根本一致这个事实基础之上，殊途同归。

实际上，有了股东利益和社会利益的根本一致这个基础，即便在公司的合同束理论中公司社会责任也同样能够证成。按照公司的合同束理论，评估既有公司立法优劣的一个基本方法是看它是否反映了公司各方参与人（包括股东在内）在长期博弈之后本应选择的内容。这是为什么公司法有以后会被拟制为公司各方合同的“默认条款”。立法 / 管制如果没有偏离股东的根本利益，只是在节约交易成本的意义上直接把这些“默认条款”设定为法律，那么这样的立法 / 管制就是好的。证券市场监管者“强制”企业承担社会责任，恰是节约了交易成本。

在确认股东利益和社会利益根本一致的前提下，将人权理念贯彻于公司管制中就顺理成章了。公民平等和不受歧视的权利、少数群体权利、劳动权、隐私权、与卫生保健和生活条件有关的权利、禁止种族仇恨及有害的性别成见和偏见以及土著人民享有的权利（包括文化权利），是各国在长期的实践中形成的社会共识。我国于 2004 年 3 月 14 日召开的第十届全国人民代表大会第二次会议通过《中华人民共和国宪法修正案》，将宪法第 33 条增加“国家尊重和保障人权”作为第 3 款。我国宪法确立人权保障原则，对推动我国公司社会责任的发展具有重要意义。

人权保障体现在公司的社会责任上，应是让公司不仅仅在简单服从法律的的意义上履行人权义务。以公司履行保障残障人士就业权为例，除了履行反歧视、建设无障碍环境和提供合理便利之外，公司还应当主动遵照按比例就业的要求积极雇用残障员工、在本公司实现融合就业，而不是仅仅缴纳残保金了事。公司在法律规定的引导下，为残障人士提供合适的工作机会，并积极为其创造符合其需求的工作环境，提供相应的职业培训和发展的机会，这才是履行人权理念下公司社会责任的真正行动。

推动公司社会责任在中国的发展，要求立法者必须推陈出新。推动公司社会责任的立法决不是政府向企业摊派、收费和越俎代庖。立法者应知悉，公司社会责任的目标在当前中国的法律环境中并非通过增加强制性规范就能实现，有时任意性规范反而能够起到强制的作用。在立法中，公司社会责任应同时倚重任意性规范和强制性规范，法律才能更有实效（参见附文《商事组织法中的强制性和任意性规范》）。

在残障权利与公司社会责任的讨论中，本书引入了诺贝尔经济学奖得主泰勒和哈佛法学院教授森斯坦提出的“选择构筑”（choice architecture）和“助推”（nudge）概念。两者都是在立法和管制中广泛关注的概念，它们涵盖的监管是不用强制手段、不用硬性规定，却能保证市场参与人同时收获“最大利益”和“自由选择权”的监管。这样的监管只是提供一股推动股东、帮助股东作出最优选择的力量，而不是摊派和强制。在推动残障人士就业等公司履行人权义务的事项上如何真正体现股东利益和社会利益的根本一致，引入上述概念来设计更好的立法和政策是立法者必须思考的问题。应当看到，在教育、投资、卫生保健、抵押贷款及环境保护等领域，“选择构筑”和“助推”已经帮助各国政府对政策进行优化设计，引导人们在作出更健康、更富有、更快乐、对社会乃至全球最有助益的选择。在社会责任领域，我国沪深证券交易所在这些年提倡的上市公司社会责任自愿报告，就是很好的实践。在推动残障人士就业等公司履行人权义务的事项上如何真正体现股东利益和社会利益的根本一致，同样是立法者必须思考的问题。

是为结语。

附

商事组织法中的强制性和任意性规范[①]

在公司法立法的相关学术讨论中，学界常把减少强制性规范的数量看作衡量立法进步与否的一个标准。例如，2005 年《公司法》修订得到学界盛赞，其中一主要原因是学者看到该法律修订“处处虑及公司参与方之谈判空间，大大拓宽了任意性规范之适用范围”。[②] 在中国从计划经济走向市场经济、从国家对社会的严格管控到市民社会自主发展的语境下，这样的认识当然不无道理。但是，从学术研究与立法讨论互动的角度看，这种认识显然

① 本文首发于《环球法律评论》2016 年，蒙编辑部惠允收录于本书。

② 相关讨论，参见罗培新：《公司法强制性与任意性边界之厘定——一个法理分析框架》，载《中国法学》2007 年第 4 期。

失之粗略。[①] 上述认识有一个重要前提尚需澄清，即任意性规范是促进自由的、而强制性规范则相反。迄今为止的理论探讨，学者仍然把任意性规范看作是公司法等商事组织法立法最合适的工具——既然商事组织法要促进自由选择，那么任意性规范最大限度地允许当事人设定商事组织内部治理的方式，自然是最能促进自由选择的规范类型。换言之，讨论各方共享一个假设，即任意性规范是促进自由选择的，而强制性规范则相反。[②] 本文的重点是反思上述假设，即讨论是否任意性规范可以一律看作是促进自由选择，而强制性规范则相反。

---

① 在大陆法系成文法传统中，关于强制性规范和任意性规范的讨论源远流长。对这个传统的回顾和综述，见王轶：《民法典的规范配置——以对我国〈合同法〉规范配置的反思为中心》，载氏著：《民法原理与民法方法》，法律出版社 2009 年版。英文文献中这种区分更早的渊源，参见 Calabresi & Melamed，Property Rules，Liability Rules，and Inalienability：One View of the Cathedral，85 *HARV. L. REv.* 1089，1093（1972）。

② 学界在过去几年相关作品主要集中在分析在何种情况下强制性规范有其必要性。学者应用法律经济学理论对公司法的目的和功能的分析，加深了我们对强制性规范和任意性规范的认识。例如，罗培新教授参考法律经济学的公司合同理论提出，商事组织法中强制性规范存在的合理性在于法律对公司长期合同的不完备性而提供的合同漏洞补充机制。故此，提供这种机制的公司法内容如信义义务相关规范应以强制性规范来规定。限定公司治理的权力配置和内部利润分配为调整对象的相关内容，则应以任意性规范为主。罗教授在考察了已有的研究后得出结论，认为强制性规范和任意性规范的适用范围应考虑以下三类情形：区分结构性规则、分配性规则和信义规则；区分闭锁公司和公众公司；区分初始章程与后续章程修改。见罗培新：《公司法强制性与任意性边界之厘定——一个法理分析框架》，载《中国法学》2007 年第 4 期。罗培新教授更早的讨论，见罗培新：《论章程"超越"公司法的合理界限——以合同为研究视角》，载沈四宝、丁丁主编：《公司法与证券法论丛》（第 1 卷），对外经济贸易大学出版社 2005 年版，第 55—80 页。

法律规范依其强制程度可以分为强制性规范和任意性规范。强制性规范是当事人必须遵守、不能依当事人意志选择变更或拒绝的规范；任意性规范则允许当事人选择变更或排除该规范中设定的内容。后者因其强制程度弱、鼓励当事人设定其权利内涵而被看作是赋权性（enabling）规范。[①]学界通说认为公司法同时包含强制性和任意性规范。[②]不少研究对立法采纳强制性规范持

---

① 关于“赋权法”（Enabling Law）的讨论，见 Hansmann&Kraakman，What is corporate law?，*The Anatomy of Corporate Law: A Comparative and Functional Approach*. By Reinier Kraakman * et al. New York：Oxford University Press，2004。

② 就公司法体现出强制性规范与任意性规范的交织的相关讨论，参见赵旭东：《公司法学》（第二版），高等教育出版社 2006 年版，第 44 页。“公司法是强制性和任意性的结合”。孙晓洁：《公司法基本原理》（第二版），中国检察出版社 2006 年版，第 29 页，“公司法属于公法化的私法”。另外，施天涛认为，公司法规则的分类与公司的性质密切相关。公司的性质有法人说和契约关系说两种观点。其中契约关系说主张任意性规范发挥主导作用，因此导致对强制性规范合理性的探讨；见施天涛：《公司法论》（第二版），法律出版社 2006 年版，第 14—24 页“公司的性质”部分。蒋大兴认为，公司法具有自由因子和管制因子，在公司设立、运营、终止和责任方面均有体现，“无论如何自由主义，中国的公司法很难超越这种国家管制的立场。这也是准确理解和解释中国公司法立法构造的一个基本的理论前奏和文化前提”；见蒋大兴：《公司法的观念与解释 Ⅰ：法律哲学 & 碎片思维》，法律出版社 2009 年版，第 34—86 页“公司法条规中的哲学成分”部分。赵万一从股东构成的变化解释了两种规范同时存在的原因：“同质化”使公司内部权力配置可以通过更多任意性规则来规定，而股东“异质化”使公司内部权力配置需要更多强制性规则来规定；见赵万一：《公司·商人·经济人》，法律出版社 2013 年版，第 185—205 页，“股份公司内部权力配置的结构性变革——以股东‘同质化’假定到‘异质化’现实的演进为视角”部分。

怀疑态度，对采纳任意性规范支持鼓励。[①] 但是，是否任意性规范可以一律看作是促进自由，而强制性规范则相反？商事组织法——特别是那些允许当事人选择其他组织形式和确定内容的任意性规范——是否体现强制、如何体现强制？

对上面提出的问题，本文结合公司治理理论和法律现实主义研究的相关讨论进行了深入分析，并以我国《公司法》确立的董事会制度为例展示了允许个人选择变更或者排除的任意性规范恰恰体现了强制。作者主张：打破任意性规范和促进自由选择之间虚假的对应关系、让妨碍自由选择的原因显明出来，在立法、司法过程里直面这些问题，商事立法才更有可能促进自由。更一般性地讲，如何配置强制性规范和任意性规范的问题应从关注规范类型的形式分析拓展到对法律的实效进行分析。

本文主要分为四个部分。第一部分先回溯了公司治理已有的对强制性规范和任意性规范的研究，特别是公司的合同理论；第

① 一般而言，在公法领域立法采纳强制性规范所受到学界和公众的批评较少，因为公法本身就蕴含着国家对某些社会关系强行管制的政策目标；在私法领域，立法采纳强制性规范的正当性总是易被拷问，因为强制性规范往往拒斥了个人自由。关于强制性规范和任意性规范在公法与私法语境下的讨论，见苏永钦：《私法自治中的国家强制——从功能法的角度看民事规范的类型与立法释法方向》，载《中外法学》2001年第1期；解亘：《论违反强制性规定契约之效力》，载《中外法学》2003年第1期；苏永钦：《民事立法与公私法的接轨》，北京大学出版社2005年版；孙鹏：《论违反强制性规定行为之效力——兼析〈中华人民共和国合同法〉第52条第5项的理解与适用》，载《法商研究》2006年第5期；谢鸿飞：《论法律行为生效的“适法规范”——公法对法律行为效力的影响及其限度》，载《中国社会科学》2007年第6期。

二部分引入法律现实主义理论和当代批判法学理论来深入讨论任意性规范的强制效果；第三部分以我国公司法上的董事会制度为例，讨论任意性规范何以导致剥夺中小股东的强制性后果；第四部分以探讨立法如何从形式主义的规范类型划分转向依赖法律效果的实质分析为依据作结。

一、公司法中的强制性和任意性规范

1. 法律经济学语境中商事组织法的强制性和任意性规范

法律经济学理论强调：商事组织法最终是为人们提供合作的模版，故而应允许当事人对商事组织的形式自行决定而不是以立法代替个人的自由选择。减少法律强制性规范、增加任意性规范故此常常被认为是实现这一目的的理想工具。公司法学者甚至因此将公司法性质认定为赋权法——法律限制人们选择公司治理内容的强制性规范自然只能当作例外。

对公司法应促进自由选择的考察，来自法律经济学者对商业组织历史的认识和法律学者对经济学者提出的企业理论的反思。按照法律经济学者的考察，从最早的合伙到后来以现代公司为主的形形色色的商事组织，反映了人们在商业领域的自由选择的诉求。学者将股份公司的兴起看作现代工业生产条件下个人自由选择的结果，因为股份公司这种组织形式展示了在大规模工业生产条件下的高效率。而直接规定该商事组织形式的商事组织法，则被认为是尊重自由选择。不少研究者试图展示迄今为止的欧美商事组织法变迁实际体现了自由选择的实现。①罗曼诺教授考察美国公司法发展历程，着重指出美国公司法赋权法的特征与联邦体制下的州际竞争的关联。这种思路更把公司法的发展看成一种类似在生物互相竞争中进化的过程，而是否促进自由选择则变成了某个具体的公司立法是否能够胜出的检验标准。②从这个角度看，商事组织法作为市场得以存续和发展的基础之一从诞生之日起就以促进自由选择为目的。③

法律在商业组织中保护个人的自由选择，在经济学的企业理论中对应的是把商业组织看作是个人通过合同的方式来组织合作，也就是公司合同束（nexus of contract）理论。简而言之，公司被看作一系列被反复遵循和履行的合同，而公司法和其他类型的商事组织法的实质是一系列当事人自由同意并选择的默示合同

---

① [美] 弗兰克·伊斯特布鲁克、丹尼尔·费希尔：《公司法的经济结构》，张建伟、罗培新译，北京大学出版社 2005 年版 [Easterbrook, Frank H. and Daniel R. Fischel (1991) *The Economic Structure of Corporate Law*. Cambridge, MA: Harvard University Press]。

② Roberta Romano, *The Genius of American Corporate Law*, AEI Press, 1993, Chapter 5, pp. 85-118.

③ 经济学家弗里德曼在《资本主义与自由》中认为强制在市场经济出现之前是达成合作的主要方式，而在市场经济体系中合作是通过自由选择达成的。科斯的企业理论认为，生产可以通过市场和企业两种方式，前者体现自由，后者体现强制。科斯之后，许多制度经济学研究者表达了对企业内部关系体现强制的不同观点，提出公司合同理论的威廉姆森和哈特是其中的主要人物。见 [美] 米尔顿·弗里德曼：《资本主义与自由》，张瑞玉译，商务印书馆 2006 年版；[美] 科斯：《企业的性质》，陈郁译，载《企业、市场与法律》（科斯著，盛洪、陈郁译），格致出版社 2009 年版。

条款。如耶鲁大学的汉斯曼教授和哈佛大学的克拉克曼教授在讨论商事组织法的功用时所言："在每个市场经济体中，法律都会规定一系列标准形式的法律实体。在美国，这些实体包括商业公司、合作社、非盈利组织、市政公司、有限责任公司、合伙、有限合伙、私人信托、慈善信托和婚姻等。这些法律实体大体是标准形式的合同，为所有人、经理人和债权人等当事人提供默示合同条款。"[①] 在经济学领域，自从阿尔奇安和登姆赛茨把公司定义为"公司是在团队生产过程里的集中化的合同代理人"后，詹森和麦克林在《企业理论：经理行为、代理成本和所有权结构》一文中正式提出了"合同束"这一术语。公司合同束理论早期的这些研究是实证性的，企业理论研究者观察到公司治理结构的很多制度可以降低代理成本，故而把这些制度看作是当事人自由选择：公司的股东和经理人事先看到了代理成本的问题，公司治理结构则是双方主动选择的最小化代理成本的结果。[②] 这种看法的基础是制度经济学对效率的基本认识：若制度保障人人都可以自由选择，则可达到最优效率。保障自由选择的制度，既包括公司治理的一些基本

---

① Henry Hansmann and ReinierKraakman，The Essential Role of Organizational Law，110 *Yale Law Journal* 387-440（2000）.

② [美] 迈克尔·詹森、威廉姆·麦克林：《企业理论：经理行为、代理成本和所有权结构》，载 [美] 路易斯·普特曼、兰德尔·克罗茨纳编：《企业的经济性质》，孙经纬译，上海财经大学出版社 2000 年版。（Jensen &Meckling，Theory of the Firm：Managerial Behavior，Agency Costs and Ownership Structure，*Journal of Financial Economics*，1976.）

架构，例如，保障投资者对管理者进行监督的董事会制度，也包括法律对相关各方的管制和干预。①

公司合同束理论后来的研究逐渐出现规范性的指向。法律经济学学者伊斯特布鲁克和费舍认为，公司不仅可用合同束来描述，而且法律应该保障公司按照相关各方自由选择的方式来运作。他们进而提出，无论是立法还是司法裁判，其内容最好是反映相关各方默示同意的合同内容，这样可以最大限度地降低相关各方的交易成本。② 合同束理论下的理想公司法包括下列两个方面内容：第一，公司法应该体现相关各方没有交易成本情形下的谈判结果；第二，公司法应作为相关各方的一份默示合同，即公司法规定可供其选用但并不强制选用。前者的目的是节约交易成本：有了公司法，相关各方就不必每次都重新谈判公司应遵循哪些规则；后者的目的，则是在公司法的规定在特定情形下并非最有效率时，相关各方可以选择更有效率的规则。两者均强调自由选择应是法律干预的目标：相关各方可拒绝公司法提供的规则另选其他。公司立法若以上述理想公司法为目标，则任意性规范无疑是理想的工具。

在上述理论影响下，传统法律理论中用以证明国家对企业组织进行强制立法的理论被重新表述。传统理论着眼于公司对公众

① 例如，Jensen 认为，代理成本高低取决于成文法、普通法以及人们以合同来解决问题的创造性。在历史发展过程中，人们有降低代理成本的强烈动机。而现有法律和与公司相关的合同设计，都是在历史发展过程中人们不断降低代理成本的结果。[美] 迈克尔·詹森、威廉姆·麦克林：《企业理论：经理行为、代理成本和所有权结构》，前注。

② [美] 弗兰克·伊斯特布鲁克、丹尼尔·费希尔：《公司法的经济结构》，前注。

利益的影响。在公司的合同理论中，公众利益被看作个人利益的集合，或者重新被定义为是促进经济效率本身。按照这样的分析，组织法所包含的强制性条款，或者应被修正，或者得以证成期经济效率而得到保留。现有公司法的强制性规范，如果属相关各方默示同意的合同内容则有效率可以保留，因为强制性规范剥夺了当事人自由选择的机会，从效率的角度讲并不值得推荐。相应地，任意性规范允许自愿退出（opt out），以便相关各方按照具体情况定制符合自身需求的公司治理规则。故此立法者有可能的情况下应把强制性规范转化为任意性规范，即允许当事人自行设定规则来替代以促进效率。

按照法律经济学理论的观点，公司法中那些允许当事人通过另行约定修改的示范条款应属任意性规范，在公司法立法中应占较大比重；那些直接规定商事组织关系的内容、不允许当事人修改的规范，立法应占较小比重。这一思想对公司立法和司法影响深远，以至于今天公司法学者有时不得不面对的一个问题是：既然当事人的自由选择是公司法作为默示合同的基础，是否应当将公司法全部变成任意性规范。哥伦比亚大学的高登教授（Jeffery Gordon）写道："例如，立法是否应在公司法每一条规定前都加上'除非公司章程另有规定'这样的限定语，以便当事人自由更改其内容？"[①]

① Jeffrey N. Gordon, The Mandatory Structure of Corporate Law, 89 *COLUM. L. REV.* 1549, 1556. (1989).

2. 强制性规范的采纳和限制

法律经济学对强制性规范的全面排斥让学者开始反思强制性规范的必要性究竟何在。起初，学者看到公司相关人特别是股东在信息方面的弱势是公司法采纳强制性规范的合理理由。[①]在《公司法的强制性结构》中，高登教授进一步细化了任意性规范应让位于强制性规范的诸种情形：为保护投资者、面临不确定情形、为保护公共利益、为实现公司治理的创新和对付投机行为。他的结论是，美国公司法中有些强制性规则的存在实际让当事人可以更有效率地选择商事组织形式。[②]

法律经济学之外对强制性规范是否应存在的反思，则力图揭示效率并非公司制度形成的唯一因素、在很多情况下也不是决定因素。既然公司法所规定的制度并不必然是人们追求效率的结果，那么当然不能说是人们自由选择的结果。作为开创公司法的政治理论的一位学者，哈佛大学的马克·罗教授（Mark Roe）对美国公司治理结构的形成过程中的金融管制变迁做了详尽探讨，他认为是美国民众对大银行的敌意导致政府立法限制金融机构扩大规模，而大型企业的兴起带来了这些金融机构无法满足的融资需求，最终形成了向公众发行股份的公众公司模式和股权分散化的公司

① Melvin A. Eisenberg, "The Structure of Corporation Law," *Columbia Law Review*, vol. 89 (1989), pp. 1461, 1464-70.

② Jeffrey N. Gordon，前注。

治理特征。[①] 与马克·罗教授的方法类似，社会学家罗依（William Roy）教授则考察了美国股份公司从公立机构向私人企业转化的历史过程，发现股份公司形成并非追求效率的驱动，而是一系列政治变迁引致的结果。[②] 此外，在比较公司治理研究领域，斯坦福大学的青木昌彦对日本主银行体制的研究、马克·罗教授对欧洲和美国公司治理模式的比较以及德国工人董事的研究也都揭示了政治环境的巨大影响。[③]

在司法界久负盛名的美国特拉华州衡平法院前大法官爱伦则认为强制性规则适度存在的理由是国家有必要也有权力对公司进行管制。在对“什么是公司的本质”这一问题作了历史的考察之后，他认为学者和法官没有办法将公司仅仅看作是帮助人们经商的工具，因为它对政治、社会都有巨大影响，故此国家必定要对公司进行管制，而为特定管制目的存在强制性规范

① Mark Roe, Strong Managers, Weak Owners, *The Political Roots of American Corporate Finance*, Princeton University Press, 1994.

② William Roy, Socializing Capital: *The Rise of the Large Industrial Corporation in America. Princeton*, N.J.: Princeton University Press, 1997.

③ Masahiko Aoki and Hugh Patrick (ed.), *The Japanese Main Bank System*, Oxford: Clarendon Press, 1994; Ronald Gilson and Mark Roe, Understanding the Japanese Keiretsu: Overlaps between Company Governance and Industrial Organization, *Yale Law Journal*; V.102-4, 871-906; Roe, German Codetermination and German Securities Markets, in Blair and Roe eds, *Employees and Corporate Governance*, Brookings Institution Press, 194-205; Mark Roe, Some Differences in Company Structure in Germany, Japan and the United States, *Yale Law Journal*; V.102-7, pp. 1927-2003; Roe, *Political Determinants of Corporate Governance*, 2003.

自然也是必要的。①

上述批评固然揭示了法律经济学理论解释公司制度形成的局限性，但并非对该理论的直接回应。公司治理的形成是公司法直接作用的结果，如果公司法是一系列供当事人选择的默认合同条款，那么应该对当事人没有强制作用：即便特定政治环境直接决定某些公司法条款，若不体现当事人的自由选择，当事人应当有机会拒绝接受，从而可以排除特定政治环境的影响。上述经济社会学、商业史和公司治理研究所论述的政治环境对公司治理的巨大影响，若不在当事人是否受到强制问题上作出回应，作为理论就难以圆满。

二、法律现实主义视野中的任意性规范与强制效果

人们对法律强制的通常理解是法律对个人自由选择的直接约束。这一点在政治自由主义传统中尤为突出，伯林对“积极自由”和“消极自由”的区分无疑是对这一传统的最好阐释。②个人自由只有在必要的限度内才能被法律约束，这一点经由《联邦党人文集》等经典论述为当代民主政治实践所接受，并成为对政府和

① Allen, William, Our Schizophrenic Conception of the Business Corporation, 14 *Cardozo L. Rev.* 261 (1992 - 1993).

② [英] 伯林《自由五论》(Isaiah Berlin, Five Essays on Liberty: An Introduction, Liberty (Oxford 2004), pp. 1-54)。

法律本身合法性进行评判的基础。①

法律现实主义理论家对理解强制作出的一大贡献就是提出强制不仅包括约束人的选择行为本身，还包括型塑可供行为人选择的范围。这一理论贡献大大深化了我们对法律强制的理解。在法律现实主义理论视野中，约束选择行为的法律强制除了法律的直接禁止之外，更重要的是赋予权利；对行为人可供选择的范围型塑，则出现在约束选择行为的法律强制成为行为人作出选择的前提条件之后。

从 20 世纪 30 年代开始，霍菲尔德、黑尔等学者发表了一系列文章，为分析法律强制作用贡献了基础性理论。②对法律强制，学者的通常理解是法律对个人行为的禁止性规定，特别是那些市场管制方面的法律；保护合同、财产权利的法律，被认为是尊崇自由选择的法律，学者并不认为它们属于法律强制的范畴。黑尔并不同意这一看法。他认为，法律不仅可以通过禁止性规定来实施强制，而且可以通过赋予合同、财产权利等来实施强制。“政

---

① “没有什么能比这更明确：政府是必须的，这点不可否认。而且无论它怎样建立，人民必须舍弃一些他们在自然状态中所有的权利，从而使赋予政府所需要的权利。”见［美］约翰·杰伊：《联邦党人文集》第二篇，载［美］汉密尔顿、杰伊、麦迪逊：《联邦党人文集》，程逢如等译，商务印书馆 1980 年版。

② Robert L. Hale，Coercion and Distribution in a Supposedly Non-Coercive State，38 *Political Science Quarterly*（1923）; Hohfeld，Wesley. “Some Fundamental Legal Conceptions as Applied in Legal Reasoning,” 23 *Yale Law Journal* 16（1913）; Hohfeld，Wesley Newcomb，Fundamental Legal Conceptions as Applied in Judicial Reasoning，26 *Yale Law Journal* 710（1917）.

府在'保护财产权利'之时到底做了什么呢？"黑尔设问，并从两方面给出分析。在消极意义上，是政府不干涉财产所有者对财产的处置；但在积极意义上，则是政府强制财产所有者之外的他人不得染指，除非得到所有者同意。黑尔提及法律实践中该积极意义上的保护要远为全面。政府实际上不仅仅是他人不暴力干涉财产所有者对拥有财产的处置，有些方式和平的干涉，政府也会积极强制消除。① 黑尔的洞见让法学界对法律强制的理解进入一个新领域。

与黑尔同代的法学家杰非（Louis Jaffe）对合同权利作了类似分析。在评论第三方侵犯合同权利的案例时，杰非观察到不仅合同当事人受到合同的约束，而且他人也受到约束：合同当事人提供约束的内容，而法院则予以强制执行。杰非讨论了一系列以合同权利实施强制的情形，如雇佣合同、行会协议、加入股票交易所的协议等。

霍菲尔德对权利的微观分析为理解法律强制提供了清晰的理论框架。在《论应用于司法推理的某些基本法学概念》中，霍菲尔德将权利指出，"权利"一词包含四个方面的含义，即"要求"(right or claim)、"自由"(liberty or privilege)、"权力"(power) 和"豁免"(immunity)；与以上四类相对应的承担义务的四种情形是"义

① 这一点科斯的《社会成本问题》也曾论及。见［美］科斯：《社会成本问题》，载科斯：《企业、市场与法律》，盛洪、陈郁译，格致出版社 2009 年版。

务”（duty）、“无权利（no-rights）、“责任”（liability）和“无权力”（disability）。[①] 法律上具体的权利和义务，总是这些含义的特定组合。当法律赋予一方当事人要求、自由、权力或者豁免时，对方当事人就相应地有义务、无权利、责任和无权力。在这个意义上，霍菲尔德的分析佐证了黑尔论述：当立法者规定了权利，就等于为权利行使者影响的相对人设定了义务，从而客观上构成法律强制。

霍菲尔德的分析在两个方面推进了约束行为人的选择行为本身的法律强制的研究：第一，就法律上的强制而言，看似保障自由的赋予权利的规定和为个人或者组织设定义务的禁止性规定实际效果类似；第二，政府机构、司法机构等执法机关的作为或者不作为，都构成法律上的强制。后者尤其对理解发展中国家的法律强制有启发意义。在发展中国家，常常有研究者认为某些领域没有立法或者司法消极不作为，是法律力量所不及的“真空”地带，故而不存在法律强制。[②] 按照霍菲尔德的分析，立法、司法的消极不作为，实质上是为现有条件下的某些行为人设定了“豁免”，并为他们行为影响的相对人强加了“无权”。故而即便没有

① 沈宗灵先生在国内最早介绍霍菲尔德理论，王涌教授详尽介绍了霍菲尔德的学说并将其应用在民法基本概念的分析上。见沈宗灵：《对霍菲尔德法律概念学说的比较研究》，载《中国社会科学》1990 年第 1 期；王涌《寻找法律概念的“最小公分母”——霍菲尔德法律概念分析思想研究》，载《比较法研究》，1998 年第 2 期。

② David Kennedy，Laws and Developments，*in Law and Development: Facing Complexity in the 21st Century*，edited by Amanda Perry-Kessaris and John Hatchard，Cavendish Publishing，2003.

立法、司法明确设定的权利义务，法律强制仍然是存在的。例如，立法和司法对修建高层建筑的不作为，也明确相邻土地所有人无权就采光受影响要求得到赔偿。当法律赋予土地所有人修建高层建筑、不受到他人权利主张的豁免，也就是强制相邻土地的所有人接受采光受影响的结果。①

当代批判法学理论家邓肯·肯尼迪在法律现实主义分析的基础上，提出还有一类强制的类型，即由于某些规则成为人们行动时考虑的前提，这些规则也可以带来强制的结果。这些规则就是肯尼迪教授定义的“基础规则”(ground rules)。肯尼迪教授就工人罢工过程中受到法律强制的例子来说明基础规则的效用。罢工的持续性取决于工人在罢工期间能否获得基本生活保障。在无法得到薪水的前提下，工人的基本生活保障受到财产权利的基础规则限制，于是工人不得不缩短罢工时间、接受较为苛刻的条件回到工作岗位。②在这里，某些法律规定，例如，政府是否有义务在罢工期间支付最低生活保障，可能会极大改变双方的博弈过程。

① 在法律没有规定权利或者义务的时候，司法过程通常是厘清权利的一个必要过程。

② Duncan Kennedy，The Stakes of Law，or Hale and Foucault！，15 Legal Studies Forum 327 (1991).肯尼迪教授明言上述分析是对法律现实主义学者对强制探讨的推进。“[C]oercion” describes all private action. Any differences in coercion are purely a matter of degree along a continuum rather than a black and white distinction. Hale further argued that coercion “rarely took the form of direct physical compulsion that deprived individuals of all choice. Rather it operated as background constraints on the universe of socially available choices from which an individual might ‘freely’ choose.” 见 Hale，Coercion and Distribution in a Supposedly Non-Coercive State，前注。

尽管该规则本身有可能被规避，但一旦该规则被社会广泛接受成为常识，就会型塑行为人的选择范围。这些规则因而可能在特定条件下成为基础规则而实际表现出强制性。

上述通过赋予权利、政府不作为或者支持“基础规则”的法律来实施强制，在现实中非常普遍且往往不容易为人察觉。法律强制不易察觉的原因很简单：当立法者无所作为，人们往往就认为法律对结果没有任何影响。但霍菲尔德的分析让我们清晰地看到，即使只是给出自由行动空间的赋予权利的法律，实际上仍然发挥了强制作用。①

上述法律现实主义学者所开创、批判法学运动进一步发展的分析启发我们重新审视商事组织法——特别是那些允许当事人选择其他组织形式和确定内容的条款——如何体现强制的问题。既然法律强制可以表现在约束行为人行为本身和型塑行为人可供选择的范围两个方面，公司合同束理论所主张商事组织法是默示合同条款或应是默示合同条款一说，就需要重新斟酌。从法律现实主义对法律强制的分析出发来看，现存公司治理结构与其说是股东和经理人双方主动选择的最小化代理成本形成的制度，不如说是法律强制带来的结果。法律强制的形式，较为明显的是某些强

① 法律经济学把这类强制看作强加给行为人的巨大交易成本，导致当事人选择范围受限而主动避免某些选择。这个解释类似上述分析，只是把强制定义为当事人选择范围受限的一种（类似自然条件或者社会条件），常带给读者这类法律规定并不强制行为人作出选择的印象。见［美］科斯：《社会成本问题》。前注。

制性规范对个人自由选择的直接限定。就这类强制而言，行为人并无选择。[①] 大部分商事组织法上的规定是任意性规范。在任意性规范中，如果自由选择体现在商事组织法的规定本身是行为人的自由选择和这些规定并不对行为人表现强制力，那么法律强制表现在商事组织法的具体规定上，也可从行为人可否选择其他规则和行为人可拒绝遵循示范规定两个方面来看。

商事组织法上的任意性规范实际构成强制，表现在两个方面：第一，商事组织法上的任意性规范实质没有给行为人选择的余地；第二，当任意性规范作为行为人作出选择的依据成为最终形成的公司治理结构不可或缺的组成部分。学者研究指出，尽管可以利用任意性规范，自行修改公司组织形式的困难程度仍然对行为人处处掣肘，故而这些规定本身并不体现行为人的自由选择。例如，公司管理层在多大程度上要直接对股东负责，是可以由章程自行设定的内容。但具体到法律问题，则是到底多大范围内的事务管理层（董事会）需要股东大会的批准，该任意性实际上给了管理层极大的自由空间。例如，公司经理层的报酬，Bebchuck 教授就

① 学者指出，即便有强制性规范，当事人也会采取策略规避不利结果，从而最终形成的公司治理结构并不因这些强制性规范而改变。例如，布莱克认为现代美国公司法上的强制性规范（州法部分）实际上并不对当事人的合同选择有实质性影响，故而这些强制性规范实际上“无关痛痒”。见 Black，Is Corporate Law Trivial?：A Political and Economic Analysis，84 Nw. U.L. Rev.（1990）。需要注意的是，这种“无关痛痒”并不能说明法律缺乏强制力。即便强制性规范是可以规避的，它们仍然可能作为“基础规则”构成强制（详见下文对“基础规则”的讨论）。

认为任意性规范实际上给予了经理层自我交易的空间。[①]

在中国这样的发展中国家，公司法立法尤其需要关注任意性规范带来的强制，是因为这些强制需要处理种种利益冲突，如果失败则带来经济和社会的负面效果。近年的比较公司法成果表明，包括俄国在内的众多移植英美公司法的立法努力都归于失败。对发展中国家公司法立法而言，立法失败的原因在于发展中国家需面对的众多利益冲突的解决都无法通过移植英美以任意性规范为主的公司法来完成。

立法不应仅仅着眼于是否采纳、采纳多少任意性规范，而应当关注任意性规范的实际效果是否促进个人从事商业方面的自由；针对某一任意性规范带来的实际强制，立法采纳强制性规范予以处理，则当为可取。立法者要促进自由，必须拆解已有的强制——无论这种强制是通过强制性规范实现的还是通过任意性规范实现的。拆解强制的方式，往往要使用强制性规范的方式。在考察原因司法环境不佳、政府管理缺失、本地习俗不同等原因以后，比较法学者发现对发展中国家的公司法立法而言一种实用的做法是：发展中国家不应复制美国公司法的规定，而应采纳“自我执行模型”。所谓采纳“自我执行模型”的公司法，就是对照英美公司法的规定依照当地法院、政府是否有能力配合任意性规

① Pay Without Performance：The Unfulfilled Promise of Executive Compensation By Lucian Arye Bebchuk，Jesse M. Fried，pp. 15-19.

范行事而把许多任意性规范替换为强制性规范，以应对公司法在发展中国家的具体挑战。①

下文就以中国董事会制度中的任意性规范及其强制效果做一分析，并对董事会制度的改进进行评论。

三、董事会制度：任意性规范如何导向强制性后果

中国公司治理研究中为学者和媒体广泛关注的一个问题是上市公司董事会决议损害中小股东权益。学者论述和立法回应关注投票制度、股东诉权等，②而公司法对相关任意性规范为学者研讨和立法、司法所忽视。根据2005年修订后公司法，股东大会同时拥有修改公司章程和按照公司章程规定行使职权的权利，董事会则依照公司章程规定确定其职权。对公司股东而言，公司法的规定意味着股东可以通过章程规定股东会、董事会及

① 例如，Reinier Kraakman & Bernard Black 提出的一个主要建议是应该立法确认让外部股东拥有更大的决策权力，以便制衡公司管理层，前注第1915页。Reinier Kraakman & Bernard Black, A Self-Enforcing Model of Corporate Law, 109 *Harvard Law Review* 1911(1996).

② 有学者提出通过修改投票制度保护中小股东权益，认为直接投票制导致小股东的表决权很难达到选举董事所需要的法定数额，故而董事会受到少数大股东操纵，其通过的决议也会侵害小股东利益。2005年《公司法》修订，对股东的表决权制度进行了修改，规定股东可以通过公司章程规定表决实行累积投票制度。在有限责任公司中，股东按照出资比例行使表决权；但是，公司章程另有规定的除外（《公司法》第42条）。在股份有限责任公司中，股东大会选举董事、监事，可以依照公司章程的规定或者股东大会的决议（《公司法》第105条）。

经理职权，上述规定当属任意性规范。按照法律经济学的理论，该规定属以任意性规则促进股东及经理层的自由选择。公司章程列出的董事会职权，类似某种默认合同条款，股东可以在章程中规定特定的授权和限制，故而最大限度地体现了股东的自由。然而，现实中出现的情形却是这些按照任意性规则行使自由选择权利的中小股东权益屡屡为大股东通过董事会决议所侵害。而难以得到救济。

对任意性规范的深入分析应可帮助我们理解侵害何以发生。上述规定就大股东和中小股东的关系而言，择其要者，包括下列内容：(1) 大股东有要求按照既有章程召开股东大会提出任免董事、修改章程的权利，中小股东有义务接收召开股东大会的通知；(2) 中小股东无权利要求大股东提出任免董事、修改章程；大股东有决定是否提出任免董事、修改章程内容与否的自由；(3) 大股东有通过股东大会任免董事、修改章程的权力，修改后章程内容自动对中小股东发生法律效力，也就是说中小股东有受任免董事、章程修改结果的约束的责任；(4) 中小股东无权力通过股东大会任免董事、修改章程，大股东有不受到非法定程序提出的章程内容修改的豁免。按照霍菲尔德提出的理论框架，大股东权利任免董事、修改章程发生法律效果的权力和不受到中小股东相反主张约束的豁免尤其体现法律强制。① 由大股

① “豁免”的定义，见前注。

东所主导的董事会由于有就公司事务作出决议的权力，该决议内容直接对公司产生效力，同时自动对所有股东发生法律效力。结合上述两点，当大股东通过章程选举董事并设定董事会职权，中小股东不得不接受董事人选和该董事会职权设定；当选任的董事依职权作出决议，中小股东不得不承受决议的法律效果。法律强制在此表现为，设大股东通过设定董事会职权、选任董事决议一项公司事务，实际可以强制中小股东接受该决议的法律约束力。在当前上市公司“一股独大”的情形下，大股东派遣董事主导通过的决议屡屡损害中小股东利益，而中小股东也不得不接受这个结果。①

任意性规则在理论上可能解决上述问题，但不乏障碍。理论上，中小股东通过章程中设定防范“一股独大”的条件下大股东损害中小股东权益的规则是可能的。例如，投资者可以通过章程设定董事会对中小股东承担保障其利益的信义义务。但是，任意性规则作为解决方案的麻烦在于，若信义义务来源于章程设定，则意味着它随时可被大股东撤销，中小股东无法依赖其保障利益。中小股东除了上述章程规定之外，还需要一套复杂的限定大股东修改章程的法律应对方案来真正达到目的。在当前公司上市的立

① 中国当下司法救济手段的缺乏，故此中小股东难以挑战董事会的决定；即便增加救济途径，考虑到董事会决议对中小股东权益的广泛影响，中小股东难以事事通过司法救济，权益仍然难以保障。见 Deng，J.，Building an investor-friendly shareholder derivative lawsuit system in China，46 *Harvard International Law Journal* 347–385（2005）.

法给予大股东绝对主导权的前提下，这样的方案在上市公司章程中还从未出现过。也就是说，该任意性规范并没有让小股东获得更多选择的余地。

我国学者对《公司法》关联交易的相关规定的分析也展示了任意性规则的不足。按照我国《公司法》第 16 条和第 148 条第 1 款第 4 项都言明章程在公司向其他企业投资或为他人提供担保，董事、高级管理人员与公司订立合同或进行交易等问题上有自治的权力。施天涛教授指出："封闭公司一般由控制股东把持公司管理，或者根本没有董事会，或者只有几个由控制股东管控的执行董事。真正的'非利害关系'董事在封闭公司中是不太可能存在的。即便有，控制股东在安排公司治理时也不可能把控制权拱手交出。所以，封闭公司中的股东同意，则完全可能就是控制（或多数）股东的同意。"换言之，法律虽然规定了在关联交易的投票表决中有利害关系的董事要回避，公司法的任意性规则仍然允许大股东左右公司最终决定。

公司法上关于董事会的任意性规范非但没有促进合作，实质上还增加了股东之间合作的困难。法律经济学分析任意性规则，看到的往往是权利，而不是相应的义务。研究者往往因公司法允许当事人任意设定权利内容而认定其保障自由，而没有看到该允许之下对权利相对人的强制。中国公司治理实践中，大股东常常利用董事会损害小股东利益，而由于股东派生诉讼极少被法院受理，中小股东无从对抗大股东。董事会权力有什么样的特征、法律应当设定什么样的约束，是中国公司法立法、司法必须面对的问题。申言之，看似体现股东自由选择的公司法规定，实质上体现了损害小股东的法律强制。从这个角度看，以任意性规范回应上述问题，实属不得要领。

以任意性规范为主的董事会制度在实践中支持了“一股独大”的持续存在。上述任意性规范所带来的法律强制成为人们选择投资的前提时，它变成了基础规则起到型塑选择范围的作用。一家大股东主导的上市公司，即便中小股东权益受到大股东侵害，还是会比没有大股东主导的上市公司更易于成为中小股东更中意的选择。这是因为在没有占绝对优势大股东的上市公司中，由于存在少数股东通过增加股份而控制董事会、进而对全体股东施加强制的可能性，且该少数股东由此获得的收益极大，出现股东恶性竞争的可能性更高；这样的恶性竞争对中小股东的损害甚至超过大股东主导的上市公司里大股东对中小股东的侵害。实践中，这样的公司往往陷入控制权争夺的斗争中而经营瘫痪。例如，一度被列为“大股东制衡”思维下公司治理典范的上市公司东北高速，在股东中并无占绝对优势的单一大股东，前三大股东持股比例及董事会席位比例均为任何两方相加大于第三方。但该公司董事会换届屡屡沦为股东互相恶意竞争的机会，中小股东利益因为大股东之间恶意竞争而受损。相比这样的公司，对中小股东而言，大股东主导的上市公司反而成了更优的选择。

公司法关于董事会的任意性规范非但无法实现中小股东防范大股东通过董事会侵害其权益，反成为大股东侵害中小股东的有力工具。合同束理论假设任意性规范可以保障股东的自由选择，却忽视了在一股独大的条件下该任意性规则成为强制股东的工具。已有的公司法董事会制度的实质，是通过任意性规范授权大股东对公众股东（小股东）的强制掠夺——对小股东而言，这些任意性规范所实现的实际上的强制性，与公司法直接采纳限制小股东权利的强制性规范无异。

在中国现实存在国有股“一股独大”的条件下，公司法在董事会制度建设方面采纳强制规则效果未必不佳，因为只有通过法律强制才能减少强势大股东对中小股东的实际强制，从而真正促进自由选择。近些年中国学者董事会的法理反思，也在从形式主义转向实质分析的方向上作出了有益的尝试。[①] 邓峰教授对中美董事会制度的比较研究表明，中国董事会职权设定以任意性规范为特色，而美国公司法则明确董事会作为公司管理的

---

① 在商事组织法领域自由选择的障碍，既有江平教授所言的政府或者立法机构通过制定法形式将强制性规范强加于公司的问题，也有法律对诸如大股东滥用其地位问题的不作为。对此，既有学者提醒立法者“重新认识董事会制度及其背后的深层逻辑，认真对待公司的政治属性，在董事会权威中心、合议和共管制度上继续不断学习”，从政治、社会、文化的角度对中国公司法的制度安排提出了有见地的质疑；也有学者呼吁公司法修改的首要问题就是要重新确立公司法的自由主义精神，并以此为基础构建其制度规则。见邓峰：《董事会制度的起源、演进与中国的学习》，载《中国社会科学》2011 年第 1 期；施天涛：《公司法的自由主义及其法律政策——兼论我国〈公司法〉的修改》，载《环球法律评论》2005 年第 1 期，第 83—90 页。

最高权威并不得以章程加以修改，同时以信义义务来防范董事会对中小股东权益的侵害。董事会因获得对抗股东决议的权利和法院的约束，受到大股东操纵损害中小股东权益的情形大大减少。这固然有股东派生诉讼制度和高效率的司法等其他原因，但公司法关于董事会的强制性规范并未妨碍对中小股东权益的有效保护却是不争之事实。同时，美国公司法在董事会制度上采纳的恰恰是强制性规范，但在促进股东合作方面却明显更为有利。① 借鉴美国公司法的规定，立法者在改革中国董事会制度时，至少不应拒斥强制性规范。转换思考的角度，看到任意性规则也有法律强制的作用，立法、司法机构或许可以从一些并不真实的前提中解脱出来。

笔者认为，立法者如在下一轮公司法修改中改进我国董事会制度，当有针对性地解决任意性规则仍然允许大股东左右公司最终决定的问题。具体而言：(1) 以强制性规范确立董事会在日常运营和并购语境中的职权与对应信义义务，并对股东会以多数决修改与董事会职权相关的章程条款予以限制；(2) 以强制性规范对控股股东关联交易及自我交易的董事会或股东会投票作出限定决议必须绝大多数票通过；(3) 以强制性规范限定董事会或股东会投票决议影响某一类别股东时赋予其否决权。这些建议得到了

① 邓峰《董事会制度的起源、演进与中国的学习》，载《中国社会科学》2011 年第 1 期。

相关比较公司法学研究成果的支持。①

四、商业组织法的规范配置：从形式主义到实质分析

对于在法律上属于后发国家的中国而言，现有商事组织法理论的约束在于：欧美公司法模式既然本质上体现当事人自由并会促成高效率的公司治理，那么移植这样的公司法就是顺理成章的选择，故而任意规则被一般性地认为体现自由，强制规则自然被排除在立法、司法选择的范围之外。但在现实中，一些从欧美既有公司法中移植到中国语境中的制度并不体现当事人自由，相反实质上导致强制。更严重的是，这些名为自由、实则强制的法律，使立法、司法对真正限制当事人自由的制度问题无从回应：中国公司法上的董事会制度就是典型的例子。在我国立法大量移植国

① 美国学者豪森教授认为，在公司法以任意性规范确立董事会制度的大框架下，中国证监会作为监管机构采纳了不少必要的强制性规范来解决公司法中强制性规范不足的问题，这些规范有：（1）规定在公司日常运营和并购语境中高管和控股股东的信义义务的规范；（2）赋予公众股东权利的通过及否决投票机制的规范；（3）对控股股东关联交易及自我交易的董事会或股东会绝大多数票通过的规范；（4）规定独立董事制度的规范；（5）规定某一类别股东否决权的规范。笔者认为，这些强制性规范原本应体现在公司法中，尽管目前通过证券管制已经实现，从改进公司法的角度立法者应将其纳入公司法规范中。Nicholas Howson，“Quack Corporate Governance” as Traditional Chinese Medicine-the Securities Regulation Cannibalization of China’s Corporate Law and a State Regulator’s Battle Against Party State Political Economic Power，37 *SEATTLE U. L. REV.* 667（2014）（hereinafter，Battle Against Party State Power）.

外法律的背景下，我们更需要注意：即便移植的是在其他国家语境下体现行为人自由选择的规范，它在中国语境下也可能有强制的效果。例如，方流芳教授1996年对中国刚刚完成的公司立法进行评价时认为，一个立法者认为为代表促进自由选择的“规范化”公司法，恰恰是强制相关当事人接受政府强制安排的工具。①

在明确任意性规范与促进自由选择之间不存在对应关系之后，法律还有能力促进自由选择吗？经历过“文革”这样“权大于法”的时代，中国学者常常担心如果法律不能有一个清晰的、区别于政策制定的标准，就难免为政治所影响。这样的担心固然有历史和社会原因，但制定法律时依据任意性规范和促进自由选择之间虚假的对应关系，却对实现法律的自主性这一目的根本上有损。打破任意性规范和促进自由选择之间虚假的对应关系，让妨碍自由选择的原因显明出来并在立法、司法过程里直面这些问题，法律才更有可能促进自由选择。

立法放弃增加任意性规范这一虚构的目标之后，应遵循什么样的原则进行规范配置？对董事会制度的法理分析实例告诉我们，立法应在实质分析的基础上考虑强制性和任意性规范的配置，而不是把规范配置建立在任意性规范和自由选择的虚假关联上。为着促进自由的缘故，立法不应仅仅着眼于是否采纳、采纳多少

① Liufang Fang，China's Corporatization Experiment，*Duke Journal of Comparative & International Law*，149，181-85（1995）.

任意性规范，而应当关注任意性规范的实际效果是否促进了个人自由；针对某一任意性规范带来的实际强制，立法采纳强制性规范予以处理，则当为可取。在决定是否采纳强制性规范的时候，我们必须首先知道立法所处理的真正冲突是什么，把冲突展现在公众面前、让立法选择强制的目的凸显，如此才能真正保护个人权利、促进个人自由。从形式主义转向实质分析，应是立法合理配置强制性和任意性规范的前提。

比较公司法的研究中，从对公司法规范类型到底属于强制性规范还是任意性规范的形式主义考察转向考察规范的实际效果是导向强制还是促进自由，是从形式主义转向实质分析的典型例子。这种转向的实质是公司法法理研究从依赖新古典自由主义制度经济学向传统制度经济学的回归。[①] 与新古典自由主义制度经济学强调作为对个人行为约束的规则和组织（新制度经济学定义的“制度”）相比，传统制度经济学更强调人与人之间互相冲突的利益关系和这些冲突的解决。[②] 在传统制度经济学的代表巨著《资

① 传统制度经济学兴起于 20 世纪初，经由凡勃伦、康芒斯和米契尔在 20 世纪中期罗斯福新政期间达到鼎盛，后因新古典自由主义制度经济学兴起而逐渐影响减小。对传统制度经济学和新古典自由主义的对比，参见钱弘道：《法律经济学的理论基础》，载《法学研究》2002 年第 4 期。

② 公司的合同束理论重视公司法规范类型属强制性规范还是任意性规范，原因在于不同类型的规范对个人行为的约束程度不同。而对规范是导向强制还是促进自由的考察，则秉承传统制度经济学对制度实际效果的重视。参见［美］约翰·R. 康芒斯：《资本主义的法律基础》，寿勉成译、方廷钰校，第五章，商务印书馆 2003 年版。

本主义法律制度》中，上文使用的霍菲尔德对权利的微观分析是作为他制度分析的基础性理论出现在论述中的。[①] 传统制度经济学可以帮助实现对中国公司法效果的实质分析，进而分析其背后的利益冲突问题。对中国法学界而言，之所以应当关注比较公司法研究成果和从传统制度经济学中汲取智慧，是因为在中国这样的发展中国家公司法的立法需要处理种种利益冲突，这些未必是移植一个已有公司法模型能够胜任的。

当代法理学对权利问题的讨论，让我们在立法权衡强制性规范和任意性规范时受到启发。当保护一种个人权利要牺牲另外一种个人权利的时候，立法或司法不得不作出选择。“是谁的、什么样权利？”继续追问下去的时候，在保护权利的华丽辞藻背后就出现了国家强制的身影。既如此，所谓保护权利和赤裸裸的国家强制之间又有什么区别？既然都需要强制，权利话语还有必要在立法和司法中继续使用吗？如哈佛大学法学院院长玛莎·米诺教授所言，在这样的时代里，权利话语的意义在于揭示权利背后的冲突：“权利”可以理解成一种公共话语，它代表的是“即便在冲突和争斗之中仍然存在的共处的承诺”。[②] 在权利的话语中，那

① 见［美］约翰·R. 康芒斯:《资本主义的法律基础》第四章，商务印书馆 2003 年版。

② 在分析保护权利所依赖的暴力时，玛莎·米诺教授写道，因为法律涉及国家控制这一有组织的暴力，法律解释与暴力之间的关系盘根错节。因为人们总是力图强加于权利他们所认为的意思，以便有组织的国家暴力对此加以实现，故此法律中包含人际冲突或者组织之间的冲突总是与暴力相关。Martha Minow，Interpreting Rights：An Essay for Robert Cover，*Yale Law Journal* 96（1987）：1860-1915.

些让社会分裂的根源才有可能被揭示出来，从而真正的权利保护才可能实现。正是那些为解决个人自由之间的冲突而制定的强制性规范，才让我们知道立法应保障的个人自由到底是什么。如哈佛大学毕业典礼上对法学院毕业生的赠言所讲，一个人在此学习法律有成，意味着从此有能力参与设定和管理那些“为得着自由而必须首先设定的行动界限”。①

面对复杂的利益关联中的恃强凌弱，立法者如果拒绝强制性规范，不啻自缚双手。在采纳强制性规范后立法者就其合理性向公民阐明理由，则是一个真正良善的国家治理所应体现的明智和谨慎：毕竟对公民施加强制从来不是法律能轻率跨过的红线，只有为了真正促进自由才如此的立法者才有底气面对本国公民和文明世界的正当责问。

① John MacArthur Maguire，LL.B. Harvard 1911，Professor of Law 1923-57，Royall Professor of Law 1950-57，composed this declaration，which has been used by Harvard Presidents when conferring degrees at Commencemnt since the late 1930s：“You are ready to aid in the shaping and application of those wise restraints that make men free.” 见哈佛法学院图书馆网站：http://asklib.law.harvard.edu/a.php?qid=37313。

图书在版编目(CIP)数据

道德、法律和公司：公司社会责任的成人礼 / 郭锐著. —北京：中国法制出版社，2018.12

ISBN 978-7-5093-9452-6

Ⅰ.①道… Ⅱ.①郭… Ⅲ.①公司-企业责任-社会责任-研究 Ⅳ.①F272-05

中国版本图书馆CIP数据核字（2018）第094609号

策划编辑/责任编辑：侯　鹏　　　　封面设计：杨鑫宇

道德、法律和公司：公司社会责任的成人礼

DAODE FALÜ HE GONGSI: GONGSI SHEHUI ZEREN DE CHENGRENLI

著者 / 郭锐

经销 / 新华书店

印刷 / 北京京华虎彩印刷有限公司

开本 / 880毫米 × 1230毫米　32开　　　　印张 / 7.75　字数 / 152千

版次 / 2018年12月第1版　　　　2018年12月第1次印刷

中国法制出版社出版

书号ISBN 978-7-5093-9452-6　　　　定价：36.00元

北京西单横二条2号　邮政编码100031　　　　传真：010-66031119

网址：http://www.zgfzs.com　　　　**编辑部电话：010-66060794**

市场营销部电话：010-66033393　　　　**邮购部电话：010-66033288**

（如有印装质量问题，请与本社印务部联系调换。电话：010-66032926）